iSaggi

2

Sergio Cecchini

Sisa Tsunami

Diario dal cuore del maremoto

Prefazioni di Pietro Del Re
e Francesco Zizola
Introduzione di Emanuele Giordana

Con il patrocinio di

foto
·
grafia

Infinito edizioni

Prima ristampa: luglio 2005
Infinito edizioni Società Cooperativa a r.l.
Via dei Garofani, 3 – 00040 Due Santi di Marino (Roma)
Tel. 06 9309839 Fax 06 9309839
Posta elettronica: info@infinitoedizioni.it
Sito Internet: http://www.infinitoedizioni.it

ISBN 88-89602-06-6

Illustrazioni e copertina: Enrico Pugni
Foto di copertina e diario fotografico: Sergio Cecchini

Finito di stampare nel mese di luglio 2005
dalla Tipografia Effegi Sas - Portici (Na)

Indice

Prefazione

di Pietro Del Re[1]

«Sembra Hiroshima dopo la bomba». È difficile trovare un'immagine più calzante per descrivere la devastazione provocata ad Aceh dal cataclisma del 26 dicembre scorso. Questa sciagurata provincia di Sumatra, già funestata da una cruenta guerra civile tra gli indipendentisti e l'esercito di Giakarta, è stata doppiamente colpita: prima da un terremoto di magnitudo 9 della scala Richter che si è prodotto a un centinaio di chilometri dalle sue coste, poi da un'onda alta più di 30 metri che si è abbattuta sulle macerie del sisma.

Di questa epocale tragedia, la testimonianza di Sergio Cecchini, o meglio, il suo struggente diario, ha un valore particolare. E si differenzia dalle numerose corrispondenze dei giornalisti accorsi dal mondo intero, poiché Cecchini non era in Indonesia per "coprire" l'evento, ma per aiutare i sopravvissuti in quanto membro della prima organizzazione non governativa (ong) giunta sul posto, *Médecins sans frontières*, le cui squadre di soccorso erano già al lavoro l'indomani dello tsunami.

Cecchini non è medico, ma operatore umanitario. Tuttavia, il suo ausilio alle popolazioni locali è stato, se possibile, più prezioso di chi usava il bisturi. Ha scaricato sacchi di riso e bidoni di benzina, organizzato campagne di prevenzione contro tetano e morbillo, allestito campi per gli sfollati, portato conforto, offrendo magari soltanto un sorriso, a chi aveva perso tutto.

Anche tra le regioni della martoriata Aceh è possibile stilare una graduatoria dell'orrore, il cui punto culminante è stato raggiunto sulla costa nord-occidentale. Penso a Meulaboh, per esempio, città di 80.000 abitanti che la micidiale risacca ha distrutto per metà. Il terremoto e l'onda hanno anche devastato le strade e i ponti che la collegavano al resto del Paese, e stravolto il fondale sottomarino impedendo alle imbarcazioni di avvicinarsi. Così, per diversi giorni, gli unici aiuti venivano paracadutati dal cielo, e finivano spesso nella fanghiglia che ricopriva buona parte della città. Appena arrivai

[1] Pietro Del Re è nato a Roma nel 1960. Lavora alla redazione Esteri di Repubblica. È stato uno dei primi giornalisti a arrivare a Banda Aceh dopo lo tsunami.

a Meulaboh vidi sopravvissuti che si aggiravano tra i calcinacci come cani randagi. Cercavano cibo: scatolette, conserve, pesci morti. Erano perlopiù anziani, vestiti di stracci. «Quando gli elicotteri lanciano i viveri dall'alto, quei poveretti non ce la fanno a lottare per conquistarsi un sacco di riso o una cassa d'acqua potabile, perciò rovistano nei luoghi dove una volta c'erano negozi e ristoranti», mi spiegò il sindaco.

Proprio da Meulaboh comincia il diario di Cecchini, il quale spiega che di solito si dorme poco nell'emergenza, perché il tempo non basta mai. Stavolta c'era anche il caldo soffocante, il puzzo dei cadaveri insepolti, le scosse dello sciame sismico che ti svegliavano nel cuore della notte, qualora fossi riuscito a prender sonno.

Può capitare, a chi è chiamato a vivere esperienze del genere, un momento di profondo smarrimento. Un crollo psicologico. Avviene quando meno te l'aspetti, dopo aver retto il colpo magari per intere settimane. Basta un istante, e ti torna in mente quello che hai visto e sentito: «Corpi, macerie, sguardi, lamenti, suoni, odori».

Pietro Del Re
Marzo 2005

Introduzione
Leofanti, unicorni, guerre, silenzi e onde anomale

di Emanuele Giordana[1]

Se un merito hanno le catastrofi e i riflettori che vi si accendono sopra, è quello di far emergere dall'oblio e dal silenzio vicende che, per qualche oscuro motivo, restano nascoste ai più. Poco indagate dai giornali, per nulla conosciute dai lettori. In realtà lo tsunami non ci ha fatto conoscere poi molto di questi Paesi lontani. Se si dovesse stilare un rapporto di pesi e misure, potremmo dire che per il 70% abbiamo saputo dei nostri connazionali, per il 28% di quei popoli lontani, per il 2% delle vicende che quei popoli lontani accompagnano. Così per forza di cose, abbiamo acceso la luce sulla guerra tra (ex) separatisti Tamil e governo di Colombo, e tra secessionisti di Aceh (anche questi favorevoli a diventare ex) e governo indonesiano. Ma è davvero una percentuale misera. Così anche questa occasione se n'è andata se non fosse, tra le poche cose in libreria, per questo diario dal fronte. Cui proveremo ad aggiungere qualche lume sulle terre dove *"ànno leonfanti assai selvatichi e unicorni, che no son guari minori d'elefanti e' son di pelo bufali, i piedi come di lefanti, nel mezzo della fronte ànno un corno grosso e nero"*, come raccontava Marco Polo nel Milione, parlando di Sumatra.

Nei secoli Aceh, la provincia più settentrionale di Sumatra, è sempre stata teatro di contese, conflitti, guerre d'indipendenza e di controllo del territorio. E di tsunami più o meno violenti che qui chiamano *ombak besar*, grande onda. Aceh (o Acheh, Achin, Atjeh in olandese) è sempre stata un grande

[1] Giornalista, cofondatore e direttore dell'associazione giornalistica "Lettera22", specializzata in politica estera. È stato docente di cultura indonesiana all'IsMEO e cofondatore della rivista "Quaderni Asiatici"; ha passato lunghi periodi in Asia e America Latina e quattro mesi, in periodi diversi, in Bosnia Herzegovina. Ha scritto diversi saggi sull'Asia su riviste specializzati e testi universitari. Ha pubblicato con Guido Corradi il libro "La scommessa indonesiana" per Utet-Libreria. È uno dei conduttori, su RaiRadio3, della rubrica "Radiotremondo". Fa parte del gruppo di studio sull'Asia dell'"Associazione geografica italiana. Ha lavorato per diverse agenzie dell'Onu, per Ong italiane e internazionali. È uno degli autori di "Geopolitica dello tsunami. Solidarietà e strategie nella catastrofe che ha sconvolto l'Asia", edito dalla O barra O Edizioni.

palcoscenico della storia dell'Asia sudorientale, sia per le forze della natura – in un'isola che è ancora un grande polmone verde del pianeta - così come per attività belliche e afflati autonomisti. Sumatra ha sempre esercitato un grande fascino e la sua storia fu raccontata per la prima volta nel IX secolo dal capitano Sulayman al-Mahri, un uomo che ci ha lasciato un portolano preciso che racconta approdi e coste di un'isola che *"inizia a Nordovest del percorso lungo gli stretti, dove le stelle Farqadayn si sollevano sull'orizzonte di otto pollici"*. Sono gli stretti di salgariana memoria, protagonisti dell'epopea in cui si agitavano funzionari olandesi e gentiluomini britannici accaldati che bevevano *wisky setengah* (metà acqua, metà liquore) per riprendersi dal solleone. E che furono e sono teatro di grandi strategie. Sul lato occidentale di quegli stretti stava e sta Aceh, luogo di sultani e di pirati, banditi un po' particolari se la pirateria era anche un modo per rispondere allo strapotere delle compagnie commerciali europee. Dietro la pirateria c'erano quasi sempre gli accinesi (o acenesi o acehnesi o gli Aceh se preferite).

Aceh era un sultanato potente e musulmano da molto prima che, a metà del '400, la grande città di Malcca, la Malayur di Marco Polo, emporio per eccellenza del grande commercio interasiatico, diventasse il faro dell'espansione dell'islam nell'arcipelago indonesiano. L'islam finì così per svolgere anche un ruolo identitario per popolazioni e regni che vedevano nell'invasione commerciale europea, armata di navi da guerra e cannoni, un'indebita ingerenza del mondo cristiano, quanto del mercato di Amsterdam, dove si quotavano le spezie mercanteggiate dalla *Verenigde Oostindische Compagnie*, la compagnia delle Indie olandesi. Nemica giurata dei sultanati e dei mercanti musulmani. Aceh è dunque musulmana almeno un secolo prima che Ibn Battuta (1304-1377) ne riferisca, citando i piccoli reami sulle coste di Sumatra che avevano abbracciato l'islam. Nel 1292 Marco Polo visitò Perlak, poco più a Sud del sultanato di Aceh, e la definisce il primo porto musulmano di quell'area la cui supremazia però durerà poco, messa in ombra dai più potenti stati limitrofi di Pasai, Pedir e ancora Aceh.

Il piccolo sultanato è dunque una pedina importante nella partita che si gioca sugli stretti. E che coinvolge persino l'Italia. Il trattato di Londra del 1824 aveva riservato alle forze olandesi il compito di proteggere dai pirati i mari attorno ad Aceh, ma l'Olanda aveva capito che il punto nevralgico del controllo passava per l'irriducibile sultanato. Sullo sfondo della lotta tra Londra e Amsterdam per il controllo della "via delle spezie", Aceh è dunque il nemico numero uno, almeno dalle parti degli stretti. Aveva già dato filo da torcere al Portogallo nel XVI secolo e nel XVII era diventato, sotto la guida del sultano Iskander, un potente principato il cui dominio si estendeva su buona parte del territorio di Sumatra. Nel XIX secolo il principato si trova diviso in tanti staterelli i cui signori erano praticamente indipendenti, ma in relazione con la capitale del sultano che stava nell'odierna città di Kutaraja. Sentendosi minacciati dall'Olanda, che a partire dal 1871 cerca di negoziare con Aceh per ridurne il potere, anche gli accinesi cercano di giocare su più tavoli. Ci provano con la Sublime Porta, ma Istanbul non ha orecchie per i nemici degli europei, in quel momento utili per far fronte comune contro lo Zar. Gli accinesi tentano allora con i diplomatici italiani e americani. Luogo di incontro: Singapore. Ma allora l'Italia, molto più europea di adesso, declina per via dei suoi rapporti con i Paesi Bassi. Sono gli americani (non a caso saranno i padrini dell'indipendenza dell'Indonesia dall'Olanda un secolo dopo) a prestare orecchio alla richiesta di una possibile alleanza, quantomeno commerciale, con gli accinesi. Ne nasce un caso tra Amsterdam e Washington e non se ne farà nulla. Il tutto accade alla vigilia di una dichiarazione di guerra contro il sultano da parte di Batavia (l'odierna Giakarta capitale delle Indie olandesi). Guerra che, mutati i protagonisti dall'altra parte del confine accinese, non è mai finita. Gli accinesi non hanno mai sopportato i portoghesi, non gli olandesi, nemmeno gli indonesiani. Negli Anni '70, la rivolta in chiave moderna si chiama Gam, *Gerakan Aceh Merdeka*, movimento per la libera Aceh. Non è, come molti adesso vogliono, un gruppo islamista terrorista, ma un movimento politico dove la bandiera dell'islam serve, come spesso accade, da emblema identitario. Lo capirà solo la nuova democrazia indonesiana nata dalle ceneri della dittatura di Suharto, caduta nel 1998.

Il presidente progressista Abdurrahman Wahid tenta – e un po' ci riesce – di portare il Gam a più miti consigli. E apre un tavolo negoziale. Ma a Giakarta i falchi che ancora covano nel nido dell'esercito, non amano queste perdite di tempo che si chiamano negoziati. Spingono sull'acceleratore quando a capo dello stato c'è l'insipiente presidente Megawati Sukarnoputri. Che cede ai vezzeggiamenti di una casta ancora potente e che, venti mesi prima che lo tsunami scuota Sumatra, decide di scuotere l'Aceh con la guerra. Legge marziale e poi stato di emergenza, un corpo di spedizione che contempla 40.000 uomini, l'aviazione, la marina, i bombardamenti. E naturalmente stragi indiscriminate, arresti senza andar per il sottile, pallottole nella schiena. Le organizzazioni umanitarie denunciano. La stampa sonnecchia, i governi pure. La strage si consuma. Il processo di pace è fatto a pezzi, unilateralmente, dagli uomini con le stellette. Il resto è storia di oggi. Un negoziato che si è faticosamente riavviato, un cessate il fuco violato assai spesso, la cinghia della censura nuovamente stretta attorno a un territorio dove, sarà per caso, si trovano tra le maggiori riserve energetiche del Paese.

Eppure, proprio noi italiani, abbiamo un debito per questa terra antica che abbiamo amato, descritto, raccontato quando eravamo un popolo di navigatori e di poeti. Adesso che i giornalisti non viaggiano più perché la borsa dei giornali è stretta e che un matrimonio blasonato vale più colonne di una strage consumata in silenzio, varrà almeno la pena di riprendere in mano i tanti libri vergati proprio da italiani. Cui si aggiunge questo diario di Sergio Cecchini che pure aiuta a rompere il silenzio. Su questa terra esotica e guerriera si sono esercitati in tanti: Niccolò de' Conti da Ghioggia, che raccontò delle terre della *"regione marittima inverso l'India"* dove *"dissono nascere el gengiovo e gherofani, el zucchero et le noci le quali noi chiamiamo moscate"*. Elio Modigliani che, alla fine del XIX secolo, visiterà Sumatra, raccontandone miti e leggende, come quella di Engano, l' *"isola delle donne"* nelle Mentawai, a Sud di Nias. Inganno non perché, come vuole il mito, l'isola fosse abitata soltanto da donne, ma perché di fatto si rivelò solo un ammasso di scogli dall'approdo difficile. La favola voleva che in realtà, attratti dalle bellezze locali, i marinai che passavano per quelle isole, scendessero a terra verso le dolci beltà. E venissero poi massacrati dai maschi nascosti nella foresta che attendevano al varco l'infausto curioso. È ancora la fine dell'Ottocento e un fascino fatale attira un altro italiano che non lascia però una scia tanto nobile: Nino Bixio, un passato non proprio specchiato neppure durante la spedizione dei Mille, e che ad Aceh ci finisce per morire. Di febbre, mentre viaggia su una nave che trasporta armi per gli olandesi. Ma questa è un'altra storia. Meglio passarci sopra e girar pagina sul diario di Sergio[2].

Emanuele Giordana
Marzo 2005

[2] Molto di questo materiale sui viaggiatori italiani e non, raccolto per un articolo per *il manifesto*, devo a due studiosi italiani, tra i pochissimi che seguono questo arcipelago: Giulio Soravia e Guido Corradi.

Nota introduttiva sull'Indonesia

di Antonello Sacchetti[1]

Con la breve carrellata raccolta nelle prossime pagine cercheremo di raccontare rapidamente che cosa sta accadendo e chi comanda oggi nell'immenso arcipelago indonesiano sconvolto il 26 dicembre 2004 prima da un devastante terremoto, poi dal successivo maremoto. Tenendo sempre ben presente che l'Indonesia è il più grande Paese musulmano del mondo, da 40 anni in bilico tra sviluppo e guerra civile.

Arcipelago Indonesia

l'Indonesia è un Paese enorme, composto da ben 13.500 isole, 6.000 delle quali abitate. Le principali sono Giava (una delle isole più popolate del mondo, con 772 abitanti per chilometro quadrato), Sumatra, Kalimantani (che occupa gran parte dell'isola del Borneo) e l'Irian Occidentale (la metà occidentale della Nuova Guinea). Una frammentazione fisica che non può non avere riflessi nella vita politica e sociale del Paese. La frammentazione e l'estensione territoriale del Paese rendono l'unità politica nazionale una priorità. Tale unità è sancita dai 5 principi, o Pancasila: fede in un Dio supremo, giustizia e civiltà, unità dell'Indonesia, democrazia, giustizia sociale per tutti i cittadini. La Pancasila prevede la tolleranza religiosa ma proibisce l'ateismo. Dal 1985 la Costituzione ha richiesto a tutte le organizzazioni politiche di adottarla.

Islam

Come anticipato, l'Indonesia è il più grande Paese musulmano. Conta 190 milioni di fedeli all'Islam su un totale di circa 230 milioni di abitanti. Il fondamentalismo religioso non ha mai attecchito in modo rilevante. Con la fine della dittatura di Suharto (1998) sono nati partiti, associazioni e giornali di chiara ispirazione islamica. Si va dalle associazioni caritatevoli moderate ai gruppi che chiedono l'introduzione della sharia nella Costituzione, fino ad arrivare alle formazioni che predicano apertamente il jihad.

La storia: gli anni di Sukarno

L'Indonesia ottiene la piena indipendenza dai Paesi Bassi nel 1956. Il presidente Sukarno annuncia subito l'introduzione di una forma di democrazia parlamentare diversa da quella occidentale (democrazia guidata del consenso).

[1] Fondatore e direttore del quindicinale d'informazione telematico "IlCassetto", http://www.ilcassetto.it

Sukarno opta per una politica estera neutralista e nel 1963 assume pieni poteri e la presidenza a vita.

Da Sukarno a Suharto

Il 30 settembre 1965 un tentativo di colpo di stato viene sventato dalle unità lealiste dell'esercito che si erano raccolte attorno al generale Suharto. Il partito comunista indonesiano è accusato di aver ispirato il golpe. I militari (sostenuti dagli estremisti musulmani) avviano una feroce campagna di repressione anticomunista (ben raccontata dal film "Un anno vissuto pericolosamente", di Peter Weir). Nel marzo 1966, Sukarno viene deposto e Suharto assume tutti i poteri, instaurando una dittatura.

Il nuovo ordine

La politica di Suharto è l'esatto contrario di quella di Sukarno. L'Indonesia si apre agli investimenti stranieri e diventa un avamposto statunitense e una roccaforte occidentale nel Pacifico. Partecipa alla fondazione dell'Asean (Associazione delle nazioni del Sud-Est asiatico). Nel 1975 l'Indonesia invade l'ex colonia portoghese di Timor, appena riconosciuta indipendente. Scatta immediatamente la condanna dell'Onu. Nello stesso anno inizia inoltre una sanguinosa guerriglia musulmana. La principale opposizione al regime di Suharto viene espressa soprattutto dagli studenti e dai musulmani, protagonisti nel 1978 di una rivolta a cui si risponde con un'ulteriore restrizione delle libertà di espressione. Il dopo Suharto è storia recente. Di certo il Paese fatica ancora a liberarsi dall'eredità di una dittatura tanto lunga e feroce.

Sei anni vissuti pericolosamente

L'Indonesia è reduce da sei anni convulsi. Soltanto nel 1998 il Paese è uscito dalla dittatura di Suharto, al potere ininterrottamente per 32 anni. La recessione economica e un improvviso aumento dei prezzi scatenano la rivolta popolare. La rabbia si concentra soprattutto contro la corruzione del regime, che reagisce con violenza. In poche settimane i tumulti provocano 500 vittime. Il 21 maggio Suharto si dimette. Gli succede il suo vice Bucharuddin Jusuf Habibie.

Prime elezioni democratiche

Il 7 giugno 1999 in Indonesia si svolgono le prime elezioni democratiche. Il Golkar (ex partito di Suharno) ottiene il 21% dei voti, a fronte del 37,4% del Partito democratico indonesiano-Lotta di Megawati Sukarnoputri e del buon risultato di nuovi partiti nati in seno all'opposizione moderata, come il Partito del risveglio nazionale e il Partito del mandato nazionale, espressione delle potenti associazioni islamiche Nahdlatul Ulama di Abdurrahman Wahid e Muhammadjiyah di Amien Raïs.

Timor Est sceglie l'indipendenza

In un clima di violenza provocato dalle milizie filo-indonesiane spalleggiate dall'esercito di Giakarta, il 30 agosto a Timor Est si svolge il referendum, che vede i cittadini scegliere a grande maggioranza l'indipendenza. Il 4 settembre, poche ore dopo la proclamazione dei risultati, si scatena la reazione delle milizie filo-indonesiane, che nell'arco di pochi giorni causa migliaia di vittime e costringe alla fuga centinaia di migliaia di persone. Il 15 settembre l'Onu autorizza l'invio di una forza di pace che, costituita soprattutto da truppe australiane, il 24 settembre sbarca a Timor Est. A ottobre il Parlamento indonesiano ratifica i risultati del referendum, annullando l'annessione del 1977. Timor Est è ufficialmente indipendente dal 20 maggio 2002.

La destituzione di Wahid

Nel settembre 1999 il Parlamento elegge Abdurrahman Wahid (islamico moderato e quasi cieco) alla presidenza e Megawati Sukarnoputri alla vicepresidenza del Paese. Nel luglio 2001 Wahid, primo presidente eletto democraticamente in Indonesia, viene accusato dal Parlamento di incompetenza e di corruzione. Dopo 21 mesi di governo è destituito dal Consiglio consultivo del popolo (Mpr), massima istanza legislativa del Paese, riunito in sessione straordinaria. Wahid prova il colpo di mano, decretando lo stato d'emergenza e quindi, in teoria, lo scioglimento del Parlamento e nuove elezioni. Tutto inutile. L'Assemblea legislativa indonesiana destituisce Wahid ed elegge la sua vice Megawati Sukarnoputri quinto presidente dell'Indonesia.

Settembre 2004, un nuovo presidente

L'ex generale Susilo Bambang Yudhoyono è il nuovo presidente dell'Indonesia. Col 60% dei voti ha sconfitto al ballottaggio la capo di Stato uscente Megawati Sukarnoputri. Lo spoglio delle schede è stato assai laborioso: nei 567.717 circuiti elettorali sparsi attraverso l'immenso arcipelago indonesiano hanno votato in tutto 153 milioni di persone. Yudhoyono, 55 anni, ex ministro della Sicurezza della presidente uscente, ha lanciato subito un messaggio di riconciliazione alla sua rivale: riconosco che durante la campagna elettorale si è creata una distanza fra chi appoggiava la signora Megawati e chi appoggiava la mia candidatura, ma adesso è arrivato il momento di unirci tutti per ricostruire un'Indonesia migliore. A dispetto delle previsioni di molti osservatori, non ci sono stati incidenti di rilievo. Risale al 9 settembre 2004 l'ultimo grave attentato compiuto da un gruppo indonesiano legato ad Al Qaeda contro l'ambasciata australiana a Giakarta. I morti sono stati nove. È solo l'ultimo episodio di una serie gravissima di attacchi iniziata il 12 ottobre 2002 a Bali, quando un attentato a una discoteca provocò 183 morti, quasi tutti turisti occidentali. Yudhoyono, musulmano laico, è da tempo schierato contro il terrorismo fondamentalista. Considerato un dirigente onesto, dovrà ora fronteggiare una situazione sociale difficilissima. In Indonesia oggi il 40% della forza lavoro è disoccupato o ha un'occupazione irregolare.

Conflitti interni

Dal 1976 l'ex regno di Aceh, nel nord dell'isola di Sumatra, lotta per l'indipendenza dall'occupazione indonesiana. La fase più dura degli scontri è iniziata nel 1989. Le truppe speciali dell'esercito di Giakarta combattono senza esclusione di colpi contro i separatisti del movimento islamico Aceh Merdeka (Aceh Libero). Negli anni Novanta si sono contati 50.000 morti, 40.000 "desaparecidos" e migliaia di casi di torture e stupri perpetrati dai militari indonesiani ai danni della popolazione civile. Nelle Molucche all'inizio del 1999 è scoppiata una vera e propria guerra di religione tra musulmani e cristiani. L'esercito indonesiano è intervenuto per riportare la calma, ma poi ha finito per prendere le parti della fazione musulmana. Le violenze, estese a tutte le isole dell'arcipelago delle Molucche, hanno causato finora 5.000 morti e mezzo milione di rifugiati di entrambe le fazioni in lotta. Vanno segnalati conflitti etnici irrisolti anche nel Borneo e in Papuasia.

I gruppi islamici radicali

La formazione islamica più radicale è la Laskar Jihad, sorta all'inizio del 2000 e legata ad Al Qaeda. I suoi miliziani, addestrati nel campo di Bogor (poco lontano da Giakarta), combattono nelle Molucche, dove da anni è in corso una guerra tra la maggioranza cristiana e la minoranza musulmana. La Laskar Jihad è un'emanazione dell'Ahlus Sunnah Wal Jama'ah Forum diretto da Ayip Syafruddin. Il gruppo sostiene di avere almeno 10.000 militanti pronti a colpire obiettivi statunitensi in Indonesia. Un'altra formazione ben organizzata è il Fronte di difesa dell'Islam (Front Pembela Islam, Fpi). Ha 30.000 membri e agisce colpendo i negozi che vendono alcol o materiale pornografico. Sono gli stessi obiettivi del Front Hizbullah, fondato nel 1994 e attivo soprattutto a Giava. Molte sigle nascono e muoiono in pochissimo tempo. Gli studenti musulmani sono generalmente su posizioni progressiste, lontani dall'anticomunismo militante che caratterizza i gruppi islamici radicali. La situazione politica è molto confusa e all'indomani dell'11 settembre c'è stato un risveglio di molte fazioni islamiche che sembravano ormai scomparse.

Lo tsunami

Il maremoto che il 26 dicembre 2004 ha colpito Aceh, la provincia settentrionale dell'isola di Sumatra, era composto da tre onde dell'altezza di circa 12 metri. Molti sopravvissuti raccontano che l'onda arrivava fino alla cima delle palme da cocco. Le ultime cifre fornite dal governo indonesiano prima di mandare in stampa questo libro parlano di 126.602 morti e 93.638 dispersi. Il totale supera le 220.000 persone e 514.000 sono gli sfollati che non hanno più una casa. Prima del 26 dicembre, gli abitanti di Aceh erano circa 4 milioni. Le organizzazioni non governative presenti per soccorrere i sopravvissuti dello tsunami sono 153, a cui bisogna aggiungere le varie agenzie governative e quelle delle Nazioni Unite. Più di 12 Paesi hanno inviato forze militari e materiale vario per fronteggiare la fase d'emergenza. Gli Stati Uniti, i più presenti, hanno inviato 13.000 militari, 16 navi da guerra tra cui una portaerei e circa 21 elicotteri. Australia, Inghilterra, Singapore, Malesia, Brunei, Germania, Francia, Russia, Pakistan, Giappone, Spagna, Messico, Svizzera e Nuova Zelanda erano gli altri eserciti arrivati ad Aceh dopo il 26 dicembre. Le Nazioni Unite stimano che lo tsunami abbia causato 675 milioni di dollari di danni ambientali solo nella provincia di Aceh.

I NUMERI IN INDONESIA
Morti: 126,602
Dispersi: 93,638
Sfollati: 514,000
Paesi in aiuto: 12
ONG sul territorio: 153

Epicentro del terremoto con magnitudo 9

Repliche del terremoto

Territorio colpito da tsunami

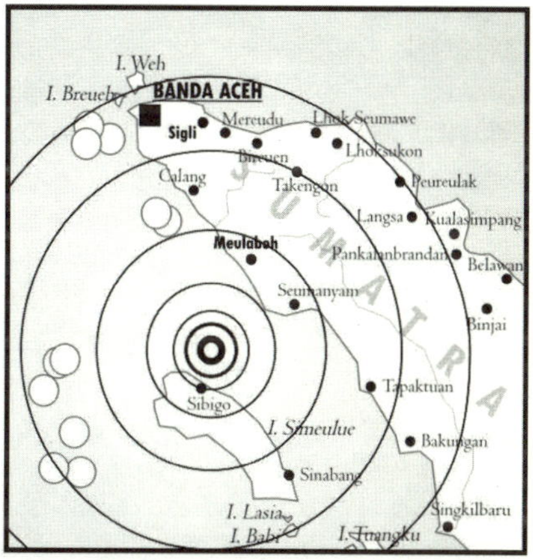

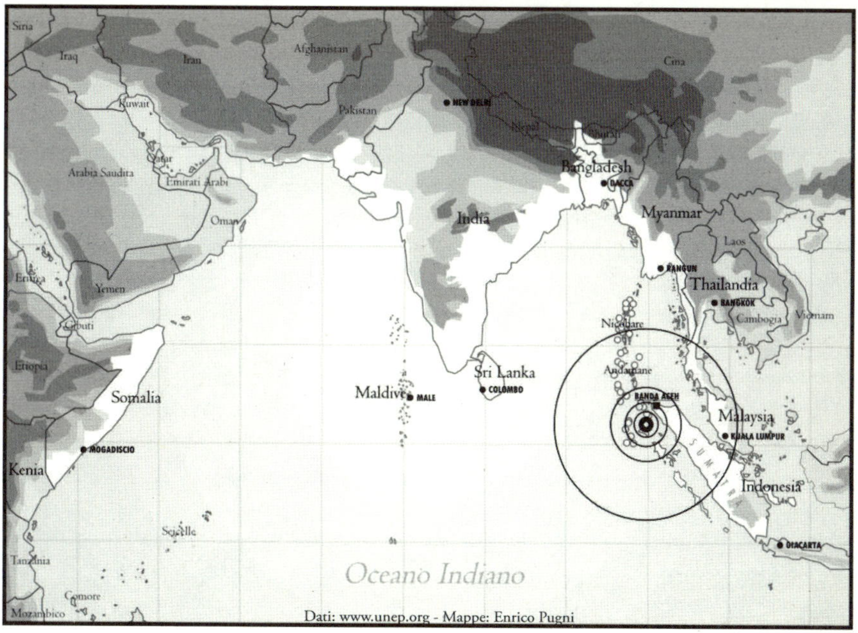

Dati: www.unep.org - Mappe: Enrico Pugni

Capitolo 1

Sisa Tsunami

> «*Dell'importanza di mediatori, costruttori di ponti, saltatori di muri, esploratori di frontiera. Occorrono "traditori della compattezza etnica", ma non "transfughi"*»[1].

"Sisa tsunami" è la scritta, fatta con uno spray argentato, che decorava la fiancata sinistra di una vecchia *Honda* rosso bordeaux. La macchina era seriamente ammaccata: mancavano i due specchietti laterali e un tergicristallo, un fanale era rotto. Quando si è accostata al centro per la prevenzione del tetano di Medici senza Frontiere (Msf) in uno dei quartieri di Banda Aceh più devastati dallo tsunami, ho domandato al conducente che cosa volesse dire quella scritta.

'Sisa' in indonesiano significa Superstite, Sopravvissuto, Rottame. Anche lei, questa quattro porte sgangherata, era scampata alla catastrofe, portandone ben evidenti i segni. Hamid, il conducente della Honda, ha voluto "ritoccare" in questo modo la fiancata del suo rottame ambulante per ricordarsi, in ogni momento, che lui è un sopravvissuto, un miracolato: "Sisa" anche lui come la sua carretta. È arrivato alla tenda allestita da Msf perché aveva sentito dire in giro che lì venivano vaccinate le persone contro il tetano e si distribuivano guanti e stivali per chi si era ferito. A più di due settimane dal 26 dicembre, Hamid ancora scavava lì dove una volta sorgeva la sua casa.

Non lontano dalla Honda, dà triste spettacolo di sé un'altra automobile, meno fortunata di quella guidata da Hamid. Giace capovolta e accartocciata in una pozza d'acqua torbida e fetida, poco distante da un militare indonesiano impegnato a inviare un sms e da un gruppo di cadaveri avvolti in sacchi di plastica gialla. Proprio in quel momento due persone si stanno dando da fare per smontare il semiasse e quelle poche cose rimaste utilizzabili.

Non so perché la scena di queste due macchine dai destini così diversi mi avesse colpito tanto. Forse mi forniva lo spunto per ripensare a ciò che avevo

[1] Alexander Langer, "Tentativo di decalogo per la convivenza interetnica", tratto da "Il viaggiatore leggero", Sellerio, Palermo, 1996.

visto spersonalizzando la tragedia, rendendola più materiale e meno umana. Mi dava la chiave d'accesso a ciò che fino a quel momento avevo tenuto chiuso ermeticamente da qualche parte per evitare ogni interpretazione e ogni confronto. Quelle due macchine mi davano la possibilità di entrare in contatto con questo dramma da una via secondaria, molto più semplice e accessibile. Davanti a quelle due parole, 'Sisa tsunami', 'Sopravvissuta allo tsunami', rivedevo i volti di chi ce l'aveva fatta; invece, accanto alla carcassa dell'altra macchina distrutta si addensavano i ricordi, gli odori e i colori di chi era stato inghiottito dall'onda.

Descrivere ciò che lo tsunami si è lasciato alle spalle non è facile. Si cercano delle immagini comuni ai più che possano richiamare scenari simili. Pompei? Hiroshima? Il Vajont? Tutte ci si avvicinano ma a tutte manca qualcosa. Cerco nella memoria qualche foto, qualche riproduzione, ma niente. Allora provo a ripescare scenari simili che avevo potuto costruire solo nella mia immaginazione. Niente, non riesco a richiamare nulla. A un certo punto inizio a ricordare immagini di corpi immersi nel fango che cercano di venire a galla a implorare salvezza. Sì, ci sono! Sono proprio le scene che avevo immaginato sui banchi di scuola mentre seguivo il viaggio di Dante nella palude stigia. Non avrei mai pensato, un giorno, di vivere nella realtà quelle atmosfere putrescenti e senza speranza, che avevo costruito fotogramma dopo fotogramma solo con l'aiuto della fantasia.

Lo scenario sembra contenere i migliori ingredienti dei peggiori incubi: non poter salvare i propri cari, non poter gridare, non riuscire a correre, quel senso angoscioso d'impotenza e di paralisi che fa svegliare di soprassalto nel cuore della notte.

Sono le storie di chi cercava di fuggire in una direzione con i propri figli stretti tra le braccia e poi li vedeva trascinati via dalla corrente senza poter far nulla; di chi, scioccato da quanto stava accadendo, non riusciva a scappare come immobilizzato da una forza oscura; di chi, aggrappato a una palma per ore mentre l'onda trascinava corpi privi di vita, pregava che quell'albero non venisse sradicato come quelli attorno; di chi continuava ad appendere volantini con le foto dei propri familiari scomparsi chissà dove nella speranza di ritrovarli; di chi continuava a scavare dove una volta sorgeva la propria casa; di chi ancora vagava come uno *zombie* senza meta e di chi non chiedeva altro che trovare un corpo da poter seppellire.

'Sisa tsunami' è anche la forza di chi non si vuole arrendere e la condanna di chi dovrà convivere con quest'incubo.

Capitolo 2

Hai il passaporto con te?

Roma, venerdì 31 dicembre 2004.

Mi trovo nell'ufficio di Msf, al terzo piano di via Volturno, a poche decine di metri dalla stazione Termini.

Da quel 26 dicembre siamo in piena emergenza maremoto. Ormai le nostre équipes di soccorritori hanno raggiunto tutte le aree maggiormente colpite dal disastro. Il telefono squilla in continuazione e l'adrenalina è al massimo, in attesa dell'ultimo aggiornamento dal "terreno". Tra le mani tengo stretto un piccolo pallone da rugby per allentare la tensione. La mia scrivania è ormai un cumulo di foglietti, rapporti, biglietti con numeri di telefono, caricabatteria per cellulari, numeri del settimanale Internazionale, testata che seleziona i migliori articoli pubblicati in buona parte del pianeta; da questa montagna spunta un cd di Jeff Buckley.

Sto discutendo con Francesco Zizola, fotografo italiano che vogliamo mandare ad Aceh per documentare il lavoro che i team di Medici senza frontiere (Msf) stanno svolgendo per soccorrere chi è sopravvissuto allo tsunami, quando il telefono si rimette a trillare. È James da Bruxelles, da uno dei quartier generali di Msf[1]. Rispondo un po' affannato.

Con il suo accento duro del sud dell'Inghilterra, mi chiede di mettermi seduto. James non ha affatto la fisionomia del tipico inglese: non è molto alto, ha i capelli neri ed è di carnagione scura. Compagno di bevute e di riflessioni sul rapporto tra azione umanitaria e militare durante le mie trasferte in Belgio, è una persona molto pratica e infatti badando al sodo dice di avere una proposta da farmi. *"Abbiamo bisogno di una persona che parta immediatamente per l'Indonesia per raggiungere l'ammiraglia di Greenpeace*[2]*, la Rainbow*

[1] Msf è composta da cinque sedi operazionali (Parigi, Bruxelles, Barcellona, Ginevra e Amsterdam) che gestiscono i progetti sul terreno e da 14 sezioni partner, che si occupano del reclutamento degli operatori umanitari, della raccolta fondi per finanziare gli interventi di assistenza e di sensibilizzazione. Msf Italia è per l'appunto una sezione partner.

[2] L'organizzazione ambientalista Greenpeace è nata nel 1971. Ha il quartier generale ad Amsterdam, nei Paesi Bassi, e più di 60 uffici in 33 Paesi. Greenpeace non forma alleanze con partiti e non prende posizioni politiche, se non per la protezione dell'ambiente; inoltre, si finanzia solo con i

Warrior[3]. *Qualcuno deve stare a bordo per garantire un flusso continuo d'informazioni e per produrre materiale di comunicazione. Diciamo per tre settimane, ma poi si vede e comunque...hai il passaporto con te?*", dice in un inglese velocissimo. Tentenno un istante e gli chiedo di ripetere. Mentre lo ascolto di nuovo prendo il mio zainetto e guardo nella tasca esterna. Sì, il passaporto è lì e per puro caso: è da un mese che devo rinnovare la carta d'identità e per farlo ho bisogno di un documento di riconoscimento. Ogni giorno mi dico che devo passare in circoscrizione, ma poi mi dimentico. La mia indolenza davanti a questioni burocratiche, questa volta, è stata premiata.

"*Bene* - mi dice – *se ce l'hai, hai tempo un'ora per decidere, perché poi l'ambasciata indonesiana chiude e non faresti più a tempo ad avere il visto per lunedì mattina*". Fine della telefonata. Francesco mi osserva con uno sguardo un po' interrogativo. Chiamo Paola, il mio 'capo' ovvero la responsabile dell'ufficio stampa, che sta scrivendo un'e-mail. "*Era James e mi ha proposto di partire al volo per raggiungere la Rainbow Warrior ad Aceh*", dico tutto d'un fiato. Tutti mi guardano. Le faccio segno di andare un momento di là, per parlare con calma. Le chiedo se la mia assenza potrebbe causare problemi di sovraccarico di lavoro in una situazione d'emergenza come questa. "*Vai* – dice - *in qualche modo ci organizziamo*".

Telefono a Chiara, mia moglie, per sapere cosa ne pensa. È in viaggio per anticipare i preparativi del cenone di fine anno. La voce mi trema dall'emozione e un po' anche dalla paura. Giusto il tempo di spiegare una cosa molto semplice ma che pesa come un macigno: andare ad Aceh, la zona più colpita dallo tsunami. La sua risposta è immediata: "*Credo che partire sia la scelta giusta*". Dopo dieci minuti in cui cerco di ritagliarmi brevi momenti di tranquillità, richiamo James e avvio le pratiche per il visto. La tensione monta mano a mano che inizio a entrare nell'ottica di una partenza immediata. Non male come ultimo atto di un anno che volge alla fine.

contributi dei propri iscritti e aderisce ai principi della nonviolenza.

[3] La Rainbow Warrior è lo storico motoveliero che Greenpeace usa per le sue azioni di sensibilizzazioni in giro per il mondo. Subito dopo lo tsunami, la nave si trovava a Singapore. Msf ha chiesto a Greenpeace di poterla utilizzare per trasportare materiale necessario agli interventi d'emergenza nella provincia di Aceh. Il primo gennaio 2005, l'ammiraglia di Greenpeace è salpata per le coste indonesiane. Inizialmente doveva essere imbarcato anche un team mobile di Msf per raggiungere ciò che restava dei villaggi lungo la costa e fornire assistenza medica ai sopravvissuti. La prima Rainbow Warrior, originariamente un peschereccio, fu acquistata da Greenpeace nel 1977. L'imbarcazione, chiamata "Sir William Hardy", era stata costruita nel 1955. Lunga 43,92 metri e larga 8,42, era stata la prima nave a doppia alimentazione (diesel ed elettrica) costruita in Gran Bretagna. La Rainbow Warrior era stata impegnata in diverse campagne contro la caccia alla balena. Il 13 luglio 1985, mentre era impegnata in una campagna per protestare contro i test nucleari francesi sull'isola di Mururoa, nell'Oceano Pacifico, la nave fu affondata dai servizi segreti francesi. Nel 1988 Greenpeace ha acquistato una nuova imbarcazione e l'ha chiamata nuovamente Rainbow Warrior.

Capitolo 3
L'attesa

Fondi (LT), sabato 1 e domenica 2 gennaio 2005.

E pensare che con mia moglie volevamo passare un capodanno tranquillo insieme a Giacomo e Francesca, una coppia di amici con cui condividiamo cerimonie culinarie.

Nella casa dei nonni, al mare, il mio cellulare non faceva altro che squillare. Klara, da Bruxelles, stava cercando tutti i modi per farmi arrivare in Indonesia prima possibile.

Ogni due ore i programmi cambiavano e l'ansia cresceva. *"Devi partire lunedì mattina... Domenica sera monti sull'ultimo volo e ti fai mandare il passaporto per corriere... Martedì mattina va bene perché facciamo partire tutti in un unico gruppo... C'è un volo lunedì dopo pranzo e poi riparti subito da Bruxelles, dopo che ti facciamo il briefing all'aeroporto..."*. Stavo friggendo e Chiara riusciva a sopportarmi, con coraggio ed entusiasmo.

Decidiamo di andare a passeggiare sulla spiaggia. La vista del mare e il rumore delle onde riescono a distrarmi.

Ogni volta che vedo il mare mi piace ricordare "L'uomo e il mare", una poesia di Baudelaire che riesce a descrivere con forza e drammaticità il legame tra l'essere umano e un universo affascinante e spaventoso. L'inizio del brano è molto incoraggiante: *"Sempre il mare, uomo libero, amerai!"*, ma è arrivando alla fine che mi ritornano in mente i filmati amatoriali, trasmessi dalle televisioni di tutto il mondo, dello tsunami che si abbatteva sugli alberghi di Phuket e sulla costa srilankese: *"Ma da secoli infiniti, senza rimorso né pietà lottate fra voi, talmente grande è il vostro amore per la strage e la morte, o lottatori eterni, o implacabili fratelli"*.

In pochi istanti quelle onde che poco prima avevano iniziato a cullarmi diventano un appendice di quella forza distruttrice che aveva raso al suolo interi villaggi. È inutile far finta di niente. Mi metto l'anima in pace e cerco di godermi insieme a Chiara questi ultimi momenti prima della partenza.

Capitolo 4

I preparativi

Roma, lunedì 3 gennaio 2005.

Alla fine, il volo per Bruxelles è stato prenotato per la sera del 3 gennaio. Per fortuna ho il tempo, non molto, di fare un salto in ufficio per un rapido passaggio di consegne, per salutare tutti e prendere il passaporto.

I preparativi dello zaino da viaggio sono più facili del solito: da quando ero rientrato dal Ciad[1], lo scorso agosto, avevo studiato e allestito dei kit per partenze veloci. L'attrezzatura fotografica è in una borsa; la telecamera in un marsupio; il computer portatile ha tutti i programmi che potrebbero servirmi; gli attrezzi utili come il coltellino, lo spago, un accendino, una torcia e batterie di ricambio sono stivati in una borsetta; i vestiti da battaglia, sono pronti anche loro in un sacco. Nonostante ciò, la paura di aver dimenticato qualcosa è sempre in agguato.

Metto due magliette a cui sono molto affezionato: la prima, bianca, ha il faccione di Groucho Marx[2] con sotto la scritta "*Je suis marxiste de tendence Groucho!*" ("*Io sono marxista di tendenza Groucho*"); la seconda è di un verde acceso, con disegnato in giallo Doctor Spock, il celebre personaggio di Star Trek con le orecchie a punta, pronto a lanciarsi in azione accanto alla scritta "*Think fast, Mr. Spock! A FREAK implosion is creating a galactic DISASTER!*" ("*Faccia presto, Mr. Spock! Un'esplosione mostruosa sta causando un disastro galattico!*"). Le porto con me perché ogni tanto aiutano a sdrammatizzare e a strappare un sorriso a chi le legge. Tiro fuori le scarpe da battaglia comodissime che mi ha regalato mio padre: sono fatte di tela, di fibra di cocco,

[1] A fine giugno 2004 sono andato alla frontiera tra Ciad e Darfur (regione occidentale del Sudan) per documentare le attività di Medici senza Frontiere in soccorso dei profughi fuggiti dagli scontri e per raccogliere le loro testimonianze. Dal febbraio 2003, il Darfur è teatro di un conflitto che secondo le Nazioni Unite ha causato 180.000 morti in 18 mesi.

[2] Julius Henry Marx, in arte Groucho, è uno dei famosi fratelli Marx che dal 1920 fino al 1957 hanno dato sfogo alla loro comicità surreale e anarchica producendo commedie musicali come "The Cocoanuts" (1925) e "Animal Crackers" (1928) o film esilaranti come "La guerra lampo dei fratelli Marx". Gli aforismi di Groucho Marx, in Italia divulgati anche grazie all'omonimo personaggio che appare accanto a Dylan Dog, sono essenziali per non prendersi troppo sul serio.

la suola è in caucciù e il tutto è estremamente leggero. Provo le macchine fotografiche per controllare che funzionino. Prendo alcuni cd da ascoltare quando avrò bisogno di staccare la spina: una raccolta di De Gregori e una di Femi Kuti, un live acustico dei Pearl Jam, l'ultimo di Nick Kave, gli immancabili Rolling Stones e una compilation artigianale con musica varia. Prendo il cappellino per proteggere la pelata. Infilo tutto nello zaino e mi faccio una lunga doccia calda. Ormai ci siamo, il volo per Bruxelles è fra poco. I miei genitori e Chiara mi accompagnano all'aeroporto di Fiumicino.

Quando arrivo al banco del check-in scopro che sono stato cancellato dal volo. "*È in over-booking* – dicono – *le offriamo una notte in albergo e un rimborso spese*". Devo aver assunto un'aria un po' cattiva, cosa che mi riesce raramente, perché alla fine mi sono ritrovato tra le mani un biglietto per Bruxelles in business-class. Che lusso!

Abbraccio il babbo, la mamma, Chiara e mi dirigo verso i metal detector. Con un bicchiere di champagne tra le mani saluto la mia Roma mentre l'aereo vira verso l'Argentario.

Capitolo 5

Per raggiungere Banda Aceh

Roma, Bruxelles, Giakarta, Banda Aceh, martedì 4, mercoledì 5 e giovedì 6 gennaio 2005.

Martedì mi unisco a un team di 14 persone, composto dai più esperti operatori di Msf. Ci sono infermieri, medici, psicologi, logisti[1], tecnici della gestione dell'acqua. La squadra inizia a prendere forma e l'adrenalina a salire. Incontro Josette, infermiera che avevo conosciuto a luglio in Ciad mentre coordinava gli interventi per assistere i profughi del Darfur. Abbiamo lavorato insieme a 40 gradi all'ombra, facendo la spola fra i vari campi lungo la frontiera con il Sudan, vivendo in una casa di terra e paglia. È una lavoratrice infaticabile. Me la ricordo quando, terminata una campagna di vaccinazione, si è messa a scrivere il resoconto della giornata fino a notte fonda, sotto un neon infestato da insetti di ogni tipo. Anche nelle situazioni più critiche riuscivamo a non perdere l'ultimo filo di umorismo.

L'agenda del giorno prevede una serie di briefing prima della partenza. Jan, del pool delle urgenze, ci spiega il contesto. *"Arriverete in una zona devastata da una catastrofe naturale* - inizia - *in cui è in corso un conflitto, nel mezzo della stagione delle piogge, in cui malattie come la malaria, il dengue e il colera sono endemiche"*. È un uomo alto, dallo sguardo un po' sornione e affettuoso. Affronta le emergenze come se stesse affrontando un qualunque problema quotidiano. Arriva anche la lezione su cosa fare in caso di terremoto o di tsunami. Insomma, se dovessimo avvertire scosse o vedere il mare ritirarsi improvvisamente, dobbiamo essere in grado di fare una cosa molto semplice: scappare. Subito dopo, abbiamo l'incontro con la psicologa che spiega quali potrebbero essere le reazioni davanti a uno scenario catastrofico e come evi-

[1] Il logista è una figura professionale molto frequente all'interno delle organizzazioni non governative. Fornisce il supporto tecnico ai programmi medici di Msf. Il logista è un po' un tuttofare che coordina l'acquisto e il trasporto locale e internazionale del materiale; controlla i mezzi di comunicazione e di trasporto dell'équipe; costruisce e ripara le strutture sanitarie, le latrine e le fognature; assicura l'erogazione di acqua potabile; verifica la catena del freddo per i vaccini; effettua corsi di formazione per lo staff locale non medico.

tare di finire in '*burn out*', andare fuori di testa per il troppo lavoro e lo choc emotivo. Lo stress psicologico è un nemico molto insidioso: penetra nella tua testa camuffato da adrenalina e giorno dopo giorno si alimenta, fino al momento in cui scatta il suo agguato e crolli. Gestire lo stress non è affatto semplice: spesso non bastano l'auto-ironia o l'umorismo, le mie armi segrete. Pranzo con alcuni amici e colleghi per allentare la tensione.

Prima di partire Anne consegna a ognuno di noi un dossier sull'Indonesia da leggere prima di arrivare a destinazione. Aggiornamenti sulla situazione politica, protocolli di sicurezza, rapporti delle missioni nel Paese, informazioni sul contesto e sulla popolazione sono solo una parte del malloppo che servirà a tenere occupate le ore di volo.

Alle tre del pomeriggio, a bordo di due minibus, raggiungiamo l'aeroporto. S'instaura un surreale clima da gita scolastica sullo sfondo di un'emergenza umanitaria. Cerchiamo di fare conoscenza il prima possibile senza perdere tempo in inutili convenevoli e non facciamo altro che chiacchierare.

Dall'altoparlante annunciano l'imbarco per il nostro volo. Si parte! La prima tappa è Amsterdam e qui cambio per Singapore.

Atterriamo a Giakarta alle 6 della sera di mercoledì 5 gennaio. Dopo due ore immersi nel traffico caotico della capitale, arriviamo all'ufficio di Msf. Il clima si fa più teso e tutti aspettano il collegamento telefonico con chi già si trova a Banda Aceh. Sono voci stanche e segnate dalla fatica quelle che arrivano da uno dei posti più colpiti dallo tsunami. Ci stringiamo tutti intorno al telefono per capire meglio, per estrapolare brevi descrizioni della nostra prossima destinazione. Arriva una cena a base di noodles, degli spaghettini indonesiani estremamente succulenti e piccanti, ma resta lì, nessuno osa staccarsi da quel ricevitore. Qualcuno passeggia nervosamente, qualcun altro si accende l'ennesima sigaretta. Verso mezzanotte, a telefonata finita, mangiamo un boccone in fretta, prima di andare a dormire. Sarà la seconda notte in bianco oppure crollerò sulla prima superficie orizzontale disponibile?

Giovedì mattina sveglia alle 6,30. Sembra che ci sia un cargo in partenza per Banda Aceh verso le 9,00. Di corsa facciamo colazione e poi andiamo in ufficio. *"Si parte alle 11,00!"*, annuncia David, coordinatore dell'emergenza. *"No, il volo è stato spostato alle 13,00* - dirà poco dopo - *L'aeroporto di Banda Aceh è intasato, dovremmo partire alle tre"*. Insomma, alla fine decolliamo alle 23,30, a bordo di un Hercules C160, un vecchio aereo cargo che prima era stato un mezzo di trasporto truppe per l'esercito tedesco. I due motori a elica non sembrano nuovissimi e la cabina di pilotaggio è meglio non vederla. Siamo stivati insieme a due jeep, un generatore e kit medici. Seduti lungo le pareti della carlinga e ben allacciati attendiamo che l'aereo inizi la sua corsa per il decollo. Il frastuono dei motori è assordante, ma ben presto diventa un semplice sottofondo. Il bestione inizia a muoversi goffamente sulla pista, a prendere velocità. Sembra che debba esplodere da un momento all'altro, ma poi riesce a staccarsi da terra. Nessuno fiata. Siamo ormai in alta quota e stabilizzati, quando l'equipaggio tira fuori delle piccole confezioni di cartone con una porzione di noodles e una polpetta di riso ciascuna e delle bottigliette d'acqua. Sono per noi: hanno pensato che avremmo avuto fame e che forse non avevamo avuto ancora il tempo di mandare giù un boccone. Qualcuno riesce a dormire cullato dalle vibrazioni delle due eliche. A Pekanbaru, un aeroporto a circa 750 chilometri da Banda Aceh, il C160 atterra per per fare il pieno di benzina: a Banda Aceh non si trova neanche una goccia di carburante. Arriviamo a destinazione alle quattro e mezza di venerdì mattina. È notte fonda e la pista è deserta.

Siamo tutti cotti dalla stanchezza. A darci il benvenuto troviamo Laetitia, grandi occhi azzurri e faccia assonnata, psicologa in carica dei progetti di assistenza mentale per lo stress post traumatico, e Remy, al contrario vispo e con lo sguardo frizzante, logista di lunga esperienza. Prima di andare alla base, dobbiamo togliere il materiale dall'aereo e caricarlo su alcuni camion. Senza fare storie ci mettiamo in fila per fare una catena umana e trasportare i vari colli. Saliamo su diverse macchine e partiamo. Tutt'intorno a noi regna il buio. Qualche cane illuminato dai fari attraversa la strada fissandoci perplesso. Lungo il tragitto Remy indica il punto dove sono state scavate le fosse comuni per seppellire i cadaveri.

Verso le sei riesco a stendermi su un materasso appoggiato per terra in una delle case risparmiate dallo tsunami. Dopo neanche un'ora di nuovo tutti in piedi, con le facce provate, ma con la voglia di cominciare subito a lavorare. Il tempo di lavarsi i denti e via. Raggiungiamo l'ospedale centrale dov'è accampato il resto del team, quelli che sono arrivati qui il 28 dicembre. Ibrahim, logista sudanese del pool d'urgenza di Bruxelles, mi saluta con un sorriso. È un cowboy dell'azione umanitaria, uno che non vede l'ora di lanciarsi in una nuova avventura. Inizialmente sembra molto scontroso e rude, ma poi si scioglie e sa essere anche molto affettuoso, almeno a modo suo. Durante il bombardamento di Baghdad nel marzo 2003, Ibrahim fu rapito insieme ad un altro operatore di Msf e per dieci giorni non si seppe più nulla di lui. Ora eccolo lì, che cerca di svegliarsi con una tazza di acqua calda annegata con della polvere di caffè.

Ognuno inizia a cercare qualcosa da fare e presto rimaniamo in quei pochi che devono ancora raggiungere Meulaboh, sulla costa Nord-Ovest, il centro abitato più vicino all'epicentro del terremoto. Sembra che circa 20.000 persone siano state spazzate via dall'onda, inghiottite da una forza distruttrice fulminea. A un certo punto mi si avvicina un ragazzo indonesiano. Indossa mocassini neri perfettamente lucidi, pantaloni marroni e stirati con la riga in mezzo, camicia anni Sessanta, quelle con il collettone, sempre sul marrone e con disegni psichedelici color crema, occhiali trasparenti. Si avvicina e si presenta: *"Buongiorno signore* – mi dice in un italiano un po' stentato – *Mio nome è Luis, per le amici e le amiche sono Lulù. Sono il tuo aiutante"*.

Resto a bocca aperta sia perché non sapevo che avrei avuto un assistente sia nel vedere questo personaggio perfettamente stirato, pulito e curato in mezzo al fango e al caos. Lavora nell'ufficio di Msf a Giakarta e si occupa di comunicazione, soprattutto con i media indonesiani. Con le sue maniere estremamente raffinate mi offre quello che dal sapore dovrebbe essere un caffè e una schifosissima sigaretta alla menta. Subito gli chiedo dove ha imparato l'italiano. *"Con il mio partner sono andato diverse volte sul lago di Garda* – risponde – *E lì sono tutti anziani che hanno voglia di parlare e così ho imparato un poco d'italiano"*. Squadrandomi dalla testa ai piedi, mi descrive la situazione. È molto dolce, simpatico ed è un gran chiacchierone. *"Senti, prima di tutto, come ti devo chiamare: Luis o Lulù?"*, gli domando mentre mi riempio un altro bicchiere di caffè. *"Signore, per te sono Luis, ma per le 'amiche' Lulù"*. Ho capito!

All'una arriva una jeep. "*Dovete andare all'aeroporto. Un elicottero atterrerà fra mezz'ora per portarvi a destinazione*", annuncia Remy. Prendo lo zainetto con il minimo indispensabile, la macchina fotografica e il computer portatile e salto in macchina. Luis corre a salutarmi urlando: *"Stai attento, signore!"* L'aeroporto è una gran confusione e dobbiamo aspettare il rifornimento di benzina. È la prima volta in vita mia che salgo sull'elicottero, fatta eccezione per quelli a gettone dove mio padre mi caricava quando, da piccolo, andavamo al parco giochi. Il rotore inizia a muoversi e il pilota ci passa le cuffie per poter comunicare tra noi durante il volo. Non serviranno a molto: pochi di noi riusciranno a parlare una volta iniziata a sorvolare la distruzione. Siamo alti e l'ombra del piccolo velivolo corre lungo i tratti di costa annientati da qualcosa di mostruoso.

Capitolo 6

A bordo della Rainbow Warrior

Meulaboh, venerdì 7 gennaio 2005.

Arriviamo a Meulaboh, sulla costa Nord-Ovest di Aceh, proprio davanti all'epicentro del terremoto che ha generato lo tsunami. Dall'alto ciò che vediamo sembra tratto da una scena di Apocalypse Now. Black Hawk della marina americana che volteggiano su quello che resta di una città di 80.000 abitanti rasa al suolo per metà; il fumo degli incendi che divampano tra le macerie sale lento e denso e i mezzi da sbarco dell'esercito di Singapore stanno scaricando le truppe in una spiaggia vicino al porto. Manca solo la 'Cavalcata delle Walkirie' sparata a tutto volume da Robert Duvall.

Già eravamo rimasti ammutoliti vedendo i chilometri di costa che separano Banda Aceh da Meulaboh. Villaggi interamente spazzati via; ponti d'acciaio accartocciati come se fossero fatti di carta stagnola; macchine abbandonate, lungo quei rari tratti di strada risparmiati dall'onda, da chi cercava di mettersi in salvo; una melma marrone che ha coperto tutto. Nessuno, a bordo dell'elicottero, riusciva a commentare quel set troppo hollywoodiano per essere vero. Ma è arrivando su Meulaboh che diventa difficile credere a quello che è davanti ai nostri occhi. Dall'alto la città è qualcosa di spaventoso, lo scenario è veramente apocalittico. Sembrano le immagini di Hiroshima girate subito dopo la bomba atomica.

A bordo dell'elicottero, oltre a me, ci sono Livio, direttore della logistica di una compagnia aerea e che si occuperà di coordinare tutte le operazioni che Msf condurrà dal cielo, Morten, biondo medico norvegese ed ex-presidente internazionale di Msf, Froude, infermiere norvegese, Renauld, medico indonesiano che ha mollato il suo lavoro su una piattaforma petrolifera per essere qui, ad aiutare la sua gente. Atterriamo in un piccolo prato in una zona che non è neanche stata sfiorata dallo tsunami, ma nessuno è venuto a prenderci. Non ci sono radio perché non abbiamo ancora avuto l'autorizzazione delle autorità locali per usarle e le comunicazioni sono estremamente difficili. Non potendo chiamare nessuno, mettiamo gli zaini in spalla e c'incamminiamo chiedendo informazioni per raggiungere "the hospital". Incontriamo prevalentemente militari indonesiani e bambini che ci guardano incuriositi. Per fortuna ci imbattiamo in Jean Seb, uno dei coordinatori logistici di Msf a Meulaboh. Una gran bella sorpresa, perché anche lui l'avevo conosciuto in Ciad, al confine col Darfur, e non sapevo che fosse qui. Normalmente vive a Montreal, in Quebec.

Orecchino, capelli fino alle spalle, pizzetto alla D'Artagnan, un tribale tatuato sul braccio sinistro, Jean Seb è un appassionato di jazz e un gran "fico". Ha 32 anni ma un'esperienza notevole in situazioni d'emergenza. L'avevo visto organizzare, come se niente fosse, le operazioni di scarico di un Ilyushin IL76, un aereo cargo russo in grado di trasportare 45 tonnellate di materiale, ad Abeche, in Ciad. Quando lo tsunami si è abbattuto sulle coste dell'Indonesia, Jean Seb era in vacanza in Cambogia e appena ha ricevuto la telefonata per raggiungere il team a Banda Aceh, non c'ha pensato due volte ed è partito con il primo volo utile. Dopo un caloroso abbraccio e un grande sorriso, saltiamo a bordo di un furgoncino per raggiungere il Cut Nyak Dien Hospital, l'unica struttura sanitaria rimasta in piedi in città. Ancora non riesco a credere di trovarmi di nuovo insieme a Jean Seb. Ogni tanto, mentre sobbalziamo sui sedili, i nostri sguardi s'incrociano quasi per dirsi: "*Sono contento che anche tu sia qui, ma chissà dove ci rivedremo la prossima volta!*".

Arriviamo all'ospedale dove Msf gestisce il reparto pediatrico, quello di medicina generale e la post-chirugia.

Il mio viaggio non è ancora finito: devo raggiungere la Rainbow Warrior. Vorrei fermarmi un attimo, ma non c'è tempo da perdere: sembra che un gommone di GreenPeace sia nei pressi del porto. Jean Seb mi accompagna.

Mentre ci dirigiamo verso il mare, il primo segno della furia dell'onda che mi si presenta davanti è un motopeschereccio, rosso e azzurro, di circa 12 metri messo di traverso sulla strada e su alcuni piccoli negozi che si trovano al lato. Lì per lì quasi non ci facevo caso, ma poi la mia mente comincia a registrare qualcosa di anomalo: una barca di quelle dimensioni non può trovarsi lì! Effettivamente il suggerimento non è così sbagliato. Lo stupore e l'assurdità di quella scena erano tali che non riuscivo a capacitarmi del suo significato drammatico. Ad aggiungere un'altra nota di follia al tutto era una poltrona monoposto, rossa, che riequilibrava la mole enorme del peschereccio: una sorta di Davide contro Golia. Mentre gli occhi si accorgono del nuovo scenario di distruzione che sta scorrendo fuori del finestrino, la mia mente è ancora persa tra quel divano e quella barca per cercare un appiglio alla realtà.

Parcheggiamo il furgone il più vicino possibile al porto. Morris, il capitano della Rainbow Warrior, la storica nave di GreenPeace che Msf sta utilizzando per trasportare cibo, kit medico-logistici e benzina da Banda Aceh a

Meulaboh, ci aspetta tra le macerie di quello che doveva essere un molo d'attracco e un luogo di passeggio e divertimenti. Un militare indonesiano, dai modi gentili e dallo sguardo sperso si avvicina. Mentre gli offro una "Marco Polo" (una marca di sigarette che si trova sul mercato locale), ci racconta che qui era pieno di alberghi, piccoli e grandi bar, insomma ci si veniva a fare una passeggiata e a divertirsi. Il tempo di accendere la sigaretta, di aspirare il primo tiro e dice: *"Ora non è rimasto nulla!"*. Purtroppo non abbiamo molto tempo per conversare.

Jean Seb mi chiede di pianificare e organizzare con lui lo sbarco di circa 20 tonnellate di materiale. Il logista che doveva seguire le operazioni non è ancora arrivato e non si può aspettare: la nave deve ripartire il prima possibile per Banda Aceh per un altro carico. Non è facile, perché la morfologia dei fondali è completamente cambiata: nessuna nave può entrare nel porto e sono tutte costrette a stare alla fonda lontane dalla banchina.

Con cortesia decliniamo l'invito della Marina militare di Singapore che ci aveva offerto di usare i loro mezzi da sbarco. Non vogliamo creare confusione tra militari e operatori umanitari. Ormai sono quasi le sei del pomeriggio e l'operazione deve essere rinviata al giorno dopo. Al molo, incontro Francesco Zizola che è qui per documentare il nostro intervento. Dopo un reciproco *"Ma che ci fai qui?"* confrontiamo brevemente i nostri programmi e ci diamo appuntamento sulla nave per un birra.

Infilo un giubbotto di salvataggio e salto sul tubolare del gommone per raggiungere la Rainbow. Dal molo Jean Seb mi manda un saluto. *"Alla prossima!"*, gli rispondo tra me e me.

Il mare è mosso e gli schizzi delle onde che s'infrangono sul mio viso a poco a poco diventano delle secchiate d'acqua. Sono zuppo, con il mio corpo cerco di proteggere la macchina fotografica e il computer portatile. La città si fa sempre più lontana. Arriviamo alla Rainbow e il gommone si accosta.

Il su e giù delle onde rende il mio arrembaggio alla nave molto complicato: bisogna saltare dal gommone verso la murata della nave, centrando una piccola apertura.

Il problema è che bisogna beccare il momento giusto, cioè quando il gommone è su e la Rainbow è giù, per spiccare il salto. I miei piedi tremano sul salsicciotto scivoloso. Sistemo bene lo zainetto e le altre borse che devo portare a bordo. Ecco, ci siamo ora è il momento buono. Via! Ce la faccio, ma do una gran botta al ginocchio. Vorrei cacciare un urlo di dolore alla maniera di Fantozzi, ma tutto l'equipaggio è lì a guardarmi. Desisto a malincuore. Mi rialzo come se niente fosse, stringendo il pugno, camuffando il mio grido di dolore in un gemito che vorrebbe essere un saluto: *"Hi!"* (*"Ciao!"*).

Prima di presentarmi devo lavare le scarpe: potrei portare a bordo qualche infezione. Poso le mie cose in un angolo e faccio un respiro profondo. Meta! Finalmente sono arrivato a destinazione. Anche se, conoscendo un po' Msf e le situazioni d'emergenza, questo non significa assolutamente nulla, ma almeno posso dire: "*Il primo obiettivo è stato raggiunto: sono arrivato a bordo della Rainbow!*".

Morris mi presenta l'equipaggio. Una zuppa e del pane insieme ad Alexis, il coordinatore delle operazioni di Msf ad Aceh, per avere un'idea dei prossimi passi. Quando lo tsunami si è abbattuto sulle coste di Sumatra, lui lavorava nel progetto di Ambon (un'isola a Sud dell'Indonesia), dove seguiva in particolare gli interventi di assistenza psicologica per il trauma causato dagli scontri che contrappongono cristiani e musulmani. È qui sulla nave per recuperare un po' di energie: il 28 dicembre era nel primo team di Msf atterrato a Banda Aceh. Arriva anche Francesco. Ormai è buio, prendiamo due Tiger Beer ghiacciate e andiamo a bere a prua, sotto un limpido cielo stellato. Sono le due di notte quando un acquazzone diventa la scusa ufficiale per salutarsi e andare a nanna. Dormo in una cabina con altre tre persone. Il rollio della nave è molto forte e ogni tanto sbatto al muro. Ho un gran bisogno di recuperare un po' di forze, ma il fuso orario, sei ore di differenza, mi tiene sveglio ancora per un po'. Poi crollo tra le braccia di Morfeo.

Capitolo 7

Tra le macerie di Meulaboh

Meulaboh, sabato 8 gennaio 2005.

Mi sveglio verso le 6,30 del mattino, un po' stordito dopo una notte passata a rotolare sul letto, da destra a sinistra. Un tè caldo e poi di corsa sul ponte. Abbiamo deciso di trasportare il materiale a terra affittando dei gozzi, piccole imbarcazioni da pesca, per evitare di ricorrere all'aiuto dei militari. Le operazioni non sono semplici ma l'equipaggio della Rainbow Warrior ha un'energia straordinaria. Con Francesco, il fotografo, decidiamo di scendere a terra per vedere qual è la situazione. Prima di saltare sul gommone riempio la mia fedele borraccia, che mi accompagna sempre nella tasca laterale dei pantaloni. Il mare è ancora mosso e raggiungiamo il porto cercando di proteggere le nostre attrezzature fotografiche. Il molo è pieno di mezzi da sbarco e imbarcazioni varie che caricano e scaricano di tutto: cibo, benzina, casse di legno, vestiti. Accostiamo il nostro gommone a un pezzo di cemento armato, ciò che resta di una banchina, e saltiamo a terra. Beviamo un sorso d'acqua. Il cielo inizia a farsi minaccioso e scuro. Tiriamo fuori le macchine fotografiche e iniziamo a camminare su un tappeto di macerie.

Una puzza strana, mai sentita in vita mia, mi penetra nel naso e mi stringe la gola. Non mi accorgo che il mio piede è a 5 centimetri da un sacco nero dal quale spunta una mano. Resto impietrito. E se da una parte la paura mi spinge a fare un salto indietro, dall'altra la pietà mi tiene lì, quasi a voler far compagnia al cadavere, a voler comunicare qualcosa con quella che era una vita. Ansar, un indonesiano di quasi trent'anni si avvicina e, sorridendo, mi indica un punto tra le rovine. "*Lì c'era la mia casa!*", mi dice, poi mi saluta e si mette a scavare.

Ogni passo che faccio mi trascina sempre di più in quello che sembra più un aldilà, un girone infernale. Il cielo è grigio, comincia a piovere e gli elicotteri iniziano a fare avanti e indietro. Per terra trovo quello che resta di un piccolo album fotografico. Ci sono foto di un compleanno, di una ragazzina vestita di bianco, di persone felici. Dopo ne troverò uno di quello che doveva essere un giovane soldato: foto in uniforme con espressioni serie e bei sorrisi e una foto con una maglietta colorata insieme a quella che doveva essere una fidanzata. L'immagine di questi album che spuntano dai detriti, coperti di sabbia e un po' scoloriti dall'acqua e dal sole, è fortissima. È come una finestra rimasta aperta sul passato, in cui sono immortalati gli ultimi istanti di vita prima che le immagini si trasformino in testimonianze di morte. Con ogni singola foto la mia mente comincia un gioco sadico e angosciante: sostituire il volto delle persone ritratte con il mio e con quello delle persone cui sono legato. Ecco che seduto a quel tavolo colorato, a ridere e scherzare, non c'erano più individui sconosciuti, ma io e mia moglie. Accendo una sigaretta per distrarmi e cercare di fuggire da quest'incubo. M'illudo!

Ogni tanto, qua e là, si vedono dei pezzi di stoffa legati su dei bastoni e piantati come delle bandiere. Vuol dire che lì c'è un corpo.

È una distesa piatta per chilometri. Sembra che uno schiacciasassi gigante sia passato da qui, stritolando tutto. Ormai la puzza di morte non va più via. Provo a fumarmi un'altra sigaretta, a mangiare una gomma, ma niente, ormai è dentro di me.

Seguiamo una squadra di volontari indonesiani addetta al recupero dei cadaveri, un lavoro scioccante, svolto con estrema professionalità. Mi chiedo come sarà la loro vita dopo quest'esperienza, cosa proveranno raccontando ai loro figli o alle loro fidanzate dove sono stati e cosa hanno fatto. In maniera indiretta sto ponendo una domanda a me stesso, ma che semplicemente non ho né il coraggio né la forza di rivolgermi.

Il corpo in decomposizione di una donna è steso vicino alla spiaggia. Indossa ancora un vestito a fiori. È rivolta con lo sguardo al cielo e le braccia aperte, come se stesse chiedendo aiuto. *"È stata trascinata qui dalla risacca"*, spiega un volontario. Lentamente e con l'aiuto di alcuni pezzi di legno, la squadra cerca di farle scivolare sotto la schiena un telo di plastica nera. Non è facile, perché il corpo potrebbe spezzarsi da un momento all'altro. Tutte le azioni sono svolte con una cura tale che ogni gesto sembra quasi una carezza. Una volta che l'operazione è completata, tre persone prendono il sacco e lo caricano su un camion giallo, dove sono distesi 12 cadaveri. In meno di un'ora ne troviamo altri sette. Ormai lo scenario inizia a diventare terribilmente familiare. Poco lontano, tre case prendono fuoco e finiscono distrutte in pochissimi minuti. Un altro corpo viene depositato davanti a noi.

Quando torniamo all'ospedale, Antonio, logista che sta seguendo un po' tutto, mi dà una mano per le operazioni di scarico della Rainbow Warrior. Il suo volto è già bruciato dal sole. È talmente timido che quando gli offro della crema solare si mette a fare i complimenti. Abbiamo avuto solo il tempo di presentarci. Ci dividiamo i compiti: io mi occuperò di far arrivare a terra 11 barili di benzina del peso di 200 chili l'uno e lui di sbarcare tutto il resto del materiale. Non è facile: la nave è ormeggiata a quasi un chilometro da riva e le uniche imbarcazioni disponibili stanno ancora scaricando il riso e i BP5, i biscotti iperproteici. Ormai sono quasi le cinque del pomeriggio. Salto su un gozzo diretto verso la Rainbow Warrior.

Dopo un breve consulto con Morris, decidiamo di portare a terra i fusti di benzina con i gommoni, ma non caricandoli a bordo, bensì trascinandoli nell'acqua. Il peso specifico della benzina e del Jet A1, il carburante per gli elicotteri, è inferiore a quello dell'acqua, per cui i barili dovrebbero galleggiare. Con il primo gommone partiamo verso una piccola spiaggia, trainando, con una fune, il primo barile. Arriviamo a pochi metri dalla riva quando ci rendiamo conto che per portare il fusto a terra bisogna tuffarsi in acqua e trascinarlo a braccia. L'acqua è marrone, putrida e puzzolente e nessuno osa immaginare cosa possa esserci là sotto. Ci guardiamo negli occhi, emettiamo una specie di grido sioux e saltiamo. Splash! Cerco di tenere la bocca chiusa per evitare di bere questa schifezza, ma mentre agguantiamo il barile scoppiamo a ridere: è una situazione troppo assurda. Trasciniamo il cilindro rosso sulla riva ancora piegati in due dalle risate. Facciamo una fatica immane, ma almeno l'umore è ottimo. Il primo è fatto, ma se continuiamo così non ce la faremo mai a caricarli tutti.

Chiamo Morris e gli dico di provare a far portare due barili alla volta. Dopo cinque minuti, col cannocchiale, vedo che l'argano di bordo sta calando due fusti. "*E vai!* - mi dico - *Ce l'hanno fatta*". Comunico ad Antonio, che si trova al molo a circa 200 metri da noi, come stanno procedendo le operazioni e gli chiedo di far arrivare un po' di persone per portare i barili all'asciutto. Intanto sta calando il buio e siamo solo a quota sei bidoni. Arriva Antonio per decidere cosa fare con i vari fusti scaricati. Il tempo per trasportarli al nostro magazzino non c'è e allora decidiamo di trovare due persone che possano fare la guardia per la notte.

Mentre le zanzare mi stanno divorando le braccia, squilla il telefono satellitare. Asciugo la mano sui pantaloni e rispondo. È Banda Aceh che mi comunica che nessun team medico andrà a bordo della Rainbow: "*Abbiamo verificato che tutti i villaggi lungo la costa sono stati spazzati via. Non è rimasto più nulla e le persone si sono rifugiate troppo lontano per poterle raggiungere via mare*". Resto un po' perplesso perché è l'ennesimo cambio di programma e perché ho lasciato tutte le mie cose a bordo. Mi rimetto in contatto con Morris e gli chiedo di prendere il mio zainetto, la macchina fotografica e il computer e di mandarmelo con il prossimo gommone.

Alle 20,30 abbiamo completato tutte le operazioni. Luridi e puzzolenti, quasi irriconoscibili per una patina nera di fango e grasso che ci aveva parzialmente coperto il viso, partiamo per l'ospedale dove troviamo la cena a base di riso bianco e qualche verdura cotta. Resto a dormire a Meulaboh, senza neanche aver avuto il tempo e le energie per rendermi conto di quello che ho davanti. Lego la zanzariera a due maniglie e mi stendo su tre cuscini. Buona notte!...

Capitolo 8

A spasso con Renauld

Meulaboh, domenica 9 gennaio 2005.

Sono le otto del mattino quando partiamo con la clinica mobile. Renauld, medico indonesiano, mi spiega che andremo a effettuare due missioni esplorative nei villaggi di Bubon e Semantiga, a nord di Meulaboh, dove dovrebbero trovarsi rispettivamente 1.200 e 9.400 sfollati. Dopo meno di un'ora arriviamo a Bubon. Fortunatamente i sopravvissuti sono quasi tutti ospitati nelle case degli abitanti del villaggio e alcuni si sono accampati in una tenda e dentro la moschea. Parliamo con il responsabile locale e ci spiega che quello di cui hanno bisogno è la ristrutturazione del pozzo e il rifornimento di scorte di riso. Al momento qui non si sono avuti casi di malattie epidemiche e di malnutrizione.

Rimontiamo in macchina e partiamo per Semantiga. Arriviamo al villaggio dopo circa mezz'ora, chiedendo a ogni incrocio ai passanti lumi sulla direzione da seguire. Renauld inizia a parlare con le autorità locali e a ispezionare le strutture dove sono accampati una parte degli sfollati. Anche qui c'è bisogno di un intervento che, nel gergo umanitario, si definisce di 'water and sanitation'. Si tratta di riorganizzare e disinfettare tutto il sistema di gestione dell'acqua: dal pozzo alle latrine, dai canali di scolo per evitare allagamenti allo smantellamento delle acque stagnanti. Visitiamo l'ambulatorio dove ci confermano che le patologie più diffuse sono diarrea e infezioni respiratorie. Anche qui nessun caso di malattie epidemiche o di malnutrizione. Mentre proseguiamo il nostro giro, un anziano si avvicina a Renauld. Si mettono a paralare molto velocemente e cominciano a fare dei segni con la mano verso una direzione. *"Mi ha detto che non lontano da qui c'è una casa dove vive una donna ferita dallo tsunami"*, dice Renauld, dopo aver indicato all'autista dove dobbiamo andare. Saliamo in macchina e ripartiamo.

Swansiah ha 30 anni e lo sguardo terrorizzato. È stesa sul pavimento, sopra una coperta. Non si può muovere. *"Quando è arrivata la prima onda, si è aggrappata a un albero* - ci racconta il padre - *e la seconda e la terza le hanno lussato il femore*". Swansiah si è trascinata per tre giorni, con l'aiuto del padre e del marito, con una gamba staccata. Hanno provato a mettergliela a posto, ma hanno peggiorato la situazione. Renauld la visita e le spiega che deve essere trasferita all'ospedale dove le metteranno a posto tutto. All'inizio non vuole abbandonare ciò che resta della sua famiglia. Ha paura. Le spieghiamo che può farsi accompagnare dal marito, dalla figlia e dalla sorella e che a tutti verrà dato un posto dove dormire e del cibo. Inizia a parlare in indonesiano con il marito. Ok, l'abbiamo convinta. Lentamente la solleviamo e la portiamo verso il furgoncino. La stendiamo su un sedile, mentre noi ci mettiamo un po' uno sull'altro. Partiamo verso Meulaboh e, lungo la strada, Swansiah ci indica dov'era il suo villaggio. Adesso è solo una distesa di fango, piena di palme sradicate dalla furia dell'onda.

Quando arriviamo all'ospedale la stendiamo su una barella e la portiamo al pronto soccorso. Per risistemarle la gamba dovranno farle un'anestesia totale. Il marito ci ringrazia con un mezzo inchino e Renauld ricambia con un sorriso e con gli occhi lucidi.

Capitolo 9

Out! Out!

Meulaboh, lunedì 10 gennaio 2005.

"*Out! Out!*" ("Fuori! Fuori!") È questo il grido con cui ci svegliamo nel cuore della notte. La terra trema. "*Out! Out!*", grida Hellein, infermiera di Hong Kong che avevo conosciuto a Herat, in Afghanistan, nel 2002. Anche lei è una delle prime a essere arrivate in Indonesia. Sono le quattro del mattino. Ancora addormentati, senza aver perfettamente ripreso i contatti con la realtà, saltiamo fuori dalle zanzariere, svegliamo tutti con dei forti scossoni. Mentre ci precipitiamo fuori la terra trema di nuovo. Diluvia e il cuore è in gola. Poi, dopo pochi secondi, tutto ritorna come prima e lentamente, scambiandoci degli sguardi che non dimenticherò mai, riprendiamo i nostri posti sotto le zanzariere.

Alle 8,30 di mattina atterra l'elicottero che mi deve portare a Banda Aceh. Mi hanno detto che devo arrivare il prima possibile a Sigli, sulla costa nord-orientale, esattamente dall'altra parte rispetto a Meulaboh. "*Martedì mattina* - mi annunciano al telefono satellitare - *una macchina ti porterà là. È importante che tu sia a Sigli prima di mercoledì, perché devi seguire una clinica mobile che effettuerà anche consultazioni psicologiche*".

Quando l'elicottero atterra, il pilota scende e mi chiede se ho con me l'olio per il motore. "*Cosa!?* – esclamo sbalordito - *No, nessuno mi ha dato e detto niente. Cos'è 'sta storia dell'olio?*". "*Senza quello non possiamo ripartire*", mi spiega preoccupato. In quel momento mi chiamano sul satellitare da Banda Aceh per dirmi che devo assolutamente rimediare quest'olio. C'ero arrivato anche da solo a capirlo. Ma dove lo trovo? Il pilota sostiene che dovrebbe essere stato scaricato dalla Rainbow Warrior. "*Aspettami qui*", gli dico e vado verso la strada. Fermo un motociclista e mi faccio accompagnare all'ospedale. Solo Livio può sapere se abbiamo scaricato una cassa d'olio per elicotteri. Scendo, corro a cercarlo. Lo trovo in ufficio. Sono sudato, col fiatone. "*Non posso partire se non trovo dell'olio per elicotteri. Ne sai niente?*" domando quasi senza speranza. "*Certo* – risponde con una calma fuori luogo – *è in magazzino!*" Lo abbraccio e corriamo a prenderlo. Montiamo sul furgone Msf e torniamo all'eliporto. Possiamo partire.

Tra una cosa e l'altra arrivo all'ufficio di Msf di Banda Aceh verso mezzogiorno. Giusto il tempo di scambiare alcune informazioni con Erwin, il responsabile della comunicazione operazionale, e di pianificare, cosa in realtà impossibile in una situazione d'emergenza, le azioni future. La prova? Semplice, da quando sono arrivato, siccome mi hanno fatto andare di corsa da una parte all'altra e avevo lasciato lo zaino in una casa di Banda Aceh, ho sempre lo stesso paio di pantaloni. Quando sono partito per Meulaboh non ho fatto a tempo a prendere il ricambio. Ormai il loro stato è indescrivibile, però fanno il loro effetto.

Oggi, finalmente, potrò cambiarmi e ripartire per Sigli nuovo nuovo, fresco come una rosa. Vado a mangiare e anche Luis mi fa notare che sono poco presentabile, sebbene per lui sembri più "macho" così. Inizia a criticarmi gli occhiali. "*Signore, tutto è bene ma occhiali sono da vecchio*", mi dice mettendosi la mano sulla bocca per celare un sorriso d'imbarazzo. "*Ah Luis, sai che me ne frega degli occhiali? E poi, senti chi parla, sembri Elton John in versione indonesiana!*", gli ribatto abbracciandolo. Mentre scoppiamo a ridere chiama Erwin e inizia a parlare velocissimo: "*Abbiamo una macchina pronta per Sigli che parte fra 10 minuti. Torna subito alla base. Parti con Loris*". Agguanto la macchina fotografica, il computer e il mio zainetto e, mentre Luis scuote la testa quasi per dire: "*Ma non ti sei neanche cambiato!*", mi ritrovo in viaggio e ancora con il mio solito paio di pantaloni, ai quali inizio ad affezionarmi.

Loris è un esperto di grappe e di musica rock Anni '70. È un grande giocatore di calcio e un poderoso friulano. Capo-missione dei progetti di Msf in Italia, è stato mandato a Banda Aceh per ricoprire il ruolo di coordinatore medico dei progetti d'emergenza nell'area più colpita dallo tsunami. In passato è stato al confine tra Kosovo e Albania durante la guerra del 1999, in Kenya, Sud Sudan e in Congo. Lavorare con lui è come mettere un 33 giri e farlo andare alla velocità di un 45. Significa spingere al massimo da quando ci si sveglia fino a quando si crolla su una superficie orizzontale. È come un mediano di mischia che si tuffa per agguantare l'ovale, aprirlo sui trequarti e far giocare la squadra. Non si risparmia per niente e per nessuno.

Abbiamo fatto insieme il viaggio d'andata, condividendo tutte le tappe d'avvicinamento alla tragedia. Poi, una volta arrivati a Banda Aceh, ognuno ha iniziato il suo lavoro. Quando lo incontravo non perdeva occasione per darmi una pacca sulla spalla, regalarmi un sorriso e, con le braccia a brocchetta e il petto un po' in fuori, dire: "Sergione, allora come andiamo?" In certi momenti, questi piccoli gesti hanno un'importanza vitale. La sera lavorava fino a tardi e quando lo incontravo a mangiare un boccone già pensava al domani, trasmettendo sempre la sua serenità. Che Guevara diceva che bisogna essere duri senza mai perdere la tenerezza e Loris sembra proprio aver fatto suo questo principio.

Capitolo 10

Le ferite invisibili

Sigli, martedì 11 gennaio 2005.

Laetitia e Feye sono due psicologhe di Msf. La prima è belga, la seconda indonesiana. Mi fanno subito entrare nella squadra, coinvolgendomi in ogni discussione e spiegandomi ogni cosa. Hanno già lavorato nei progetti di assistenza allo stress post traumatico in situazioni di conflitto ad Ambon, in Indonesia. Adesso sono qui per avviare i progetti di supporto psicologico rivolti ai sopravvissuti dello tsunami. "*Da quando abbiamo iniziato* - spiega Laetitia - *abbiamo già effettuato 70 colloqui individuali e organizzato due terapie di gruppo per 40 persone su un totale di sei campi sfollati. È solo ora che le persone iniziano a realizzare quello che è successo e ciò che hanno perso*".

Alle otto del mattino parto con loro e due infermieri indonesiani per raggiungere uno dei campi sfollati intorno a Batee, a circa mezz'ora di macchina da Sigli, dove vivono 207 famiglie, complessivamente circa 960 persone, in tende immerse nel fango. Sono i sopravvissuti di due villaggi sulla costa, dove sono morte 166 persone e altre quattro risultano tutt'ora disperse. "*Non abbiamo acqua* - ci dice Nario, quello che sembra essere il boss del campo - *e vogliamo tornare ai nostri villaggi. Il nostro lavoro, la nostra vita è vicino al mare*". Ma in realtà molti hanno ormai il terrore delle onde e in più temono che i fantasmi degli scomparsi vogliano punirli. Molte persone sono convinte che lo tsunami sia stata una punizione divina e un avvertimento a condurre una vita più etica.

Le malattie più diffuse a Batee sono la diarrea e le infezioni della pelle, in particolare la scabbia, ma ci sono anche diversi feriti. Al centro del campo c'è una specie di palafitta di legno dove il team inizia a visitare e curare le persone. Durante le visite, i due infermieri chiedono ai pazienti se soffrono di mal di testa, d'insonnia, di bruciori allo stomaco, di stati d'animo particolari. Quando qualcuno presenta uno di questi sintomi lo mandano dalle altre due dottoresse che, sistemate in una stanzetta di legno protetta e isolata da sguardi indiscreti, iniziano a parlare con il paziente e a indagare se si tratta di fenomeni causati dallo choc prodotto dall'onda.

"*Per chi è sopravvissuto adesso arriva il momento peggiore. È solo dopo aver soddisfatto i primi bisogni indispensabili per vivere, come guadagnare dei soldi, comprare del cibo, vedere che uno ce l'ha fatta o ce la può fare, che le persone iniziano a percepire la perdita* - mi spiega Feye - *ed è ora che dobbiamo intervenire perché poi subentra la fase del dolore, dell'apatia, della depressione che spinge, ad esempio, i feriti a non curarsi più, le persone a non rispettare le condizioni d'igiene, le mamme a non prendersi più cura dei loro figli, gli uomini a non lavorare più*".

Alla fine della mattinata Feye e Laetitia hanno visitato tre persone e i due infermieri circa 100. Mi portano a parlare con le autorità sanitarie locali per avere un quadro storico dei problemi mentali delle persone che vivono in questa zona, per capire che tipo d'intervento è stato fin'ora effettuato su questo tipo di patologie e se è richiesta una formazione del personale locale per affrontare i traumi causati dallo tsunami. Il responsabile del distretto sanitario è una persona estremamente cordiale. È contento che siamo qui e che Msf stia usando personale indonesiano. Quando torniamo a Sigli, Feye e Laetitia mi portano a parlare con il direttore dell'ospedale per capire qual è il tipo di risposta che sono in grado di dare alle persone affette da problemi mentali legate al disastro del 26 dicembre. Nel nosocomio è al lavoro una squadra di psicologi arrivata da Giakarta. Sono tutti molto motivati e competenti. "*Bene* – mi dice Laetitia – *qui non c'è bisogno di noi, possiamo concentrarci in altre zone dove non è ancora arrivato nessuno*".

Capitolo 11

Piccoli megafoni gialli

Banda Aceh, giovedì 13 gennaio 2005.

Sono ritornato a Banda Aceh perché bisognava mettere in piedi una strategia di comunicazione per una campagna di prevenzione sul tetano. Maine, una delle responsabili delle operazioni di Msf, da poco arrivata dal quartier generale di Bruxelles, mi ha detto: *"Inventati qualunque cosa, ma dobbiamo fare presto: i casi di tetano stanno aumentando!"*.

Con Luis, il mio infaticabile collaboratore indonesiano, ci chiudiamo nella nostra stanzetta che altro non è se non l'unico spazio rimasto libero nella sede di Msf a Banda Aceh, e infatti è davanti all'unico bagno. Fa un caldo pazzesco e l'unica fonte di luce è un piccolo neon attaccato alla parete. Sulla porta del bagno Luis ha attaccato il cartello con la scritta *"meeting room"* (*"sala riunioni"*).

Per rendere l'ambiente un po' più accogliente e per coprire i rumori provenienti dalla "sala riunioni", metto un po' di musica. Dopo che lo tsunami si è abbattuto sulla provincia di Aceh, il tetano è diventata una delle malattie più pericolose. Basta una ferita infetta per la trasmissione di questa patologia che qui presenta una mortalità tra il 25 e il 30%[1].

Buttiamo giù un po' di punti su come riuscire a raggiungere il maggior numero di persone e su quali siano gli attori da coinvolgere: autorità locali e religiose, altre organizzazioni, mezzi d'informazione locali. Una volta terminata la lista, iniziamo a definire quali possano essere le azioni svolte da Msf e quali quelle prese in carico da altri soggetti. Ormai il posacenere è pieno.

Mentre io presento il piano ad Alexis, il coordinatore delle attività nella provincia di Aceh, Luis parte a raccogliere informazioni sulla possibilità di

[1] Il tetano è una malattia infettiva la cui trasmissione – molto pericolosa e mortale – si ha quando le mucose o le ferite infette, che molte persone si sono provocate scavando sotto le macerie per portare soccorso, entrano in contatto con le spore ed è facilitata da fattori quali il caldo, l'umidità, il contatto con gli animali o con la terra.

realizzare dei poster da appendere nei luoghi più affollati, dei volantini informativi da distribuire durante le cliniche mobili e a tutto lo staff locale e su come attrezzare con dei megafoni una macchina che si sposti nelle zone distrutte dal cataclisma.

Purtroppo a Banda Aceh non è possibile far produrre nessun tipo di materiale. Chiediamo al team di Giakarta di occuparsene. In compenso troviamo due piccoli megafoni gialli, quelli da manifestazione, per intenderci. Insomma, qualcosa l'abbiamo rimediata, ma l'importante è non perdere tempo e partire.

Capitolo 12

Francesco

Banda Aceh, venerdì 14 gennaio 2005.

Quando la sera ci troviamo stanchi e sudaticci a sorseggiare una birra arrivata per miracolo, Francesco apre il suo computer portatile. Dopo pochi istanti inizia una sorta di "Nuovo cinema paradiso" versione emergenza umanitaria. Sul piccolo schermo 12 pollici iniziano a scorrere le foto scattate durante gli ultimi giorni. Molti di noi le hanno già viste ma è come se fosse arrivato il momento della favola prima di andare a dormire. Francesco fa un passetto indietro, si accende una sigaretta e si gode, visibilmente compiaciuto, la scena.

Nel silenzio generale, lo stupore contamina un po' tutti quelli che si rivedono in quegli istanti immortalati da uno dei migliori fotografi esistenti. Nella frenesia operativa, questi fermo-immagine ci permettono di rivivere al rallentatore ogni attività: Doctor Tze sull'elicottero, Loris che dà ordini a un militare indonesiano, il carico della Rainbow Warrior, Ibrahim che monta una clinica mobile, la riunione di tutto il team, il sorriso di Nathalie e lo sguardo inquieto di Angelo.

E pensare che era un mio sogno trovarmi un giorno in missione con lui, con il mitico Zizola. Con Msf è stato in Angola, Costa d'Avorio, Sudafrica, Darfur, Uganda del Nord, Ciad e adesso è lì, sul retro di una motoretta, mentre ci fotografiamo a vicenda. Proprio vedendo una foto scattata da lui, ormai quasi dieci anni fa, ho iniziato a scoprire la fotografia. Un ragazzo del carcere minorile di Salvador de Bahia si era appeso con un lenzuolo alle grate della finestra. Con le mani si teneva la testa per guardare fuori. Accanto, sulla parete bianca, era disegnato un pugile dai capelli lunghi. Ero rimasto a guardarla per molto tempo, cercando d'immaginare la vita di quella persona.

Penso che solo la fotografia sia capace di interrompere il flusso frenetico d'informazioni che oggigiorno ci travolgono. Spesso ha l'effetto di un messaggio subliminale che impressiona la nostra memoria.

Da quando ci siamo incontrati al porto di Meulaboh a quando ci siamo salutati prima della sua partenza ne abbiamo passate tante. A volte sembravamo il gatto e la volpe: mentre io parlavo con il responsabile dei trasporti per farlo saltare sul primo elicottero in partenza, lui cercava di capire quali fossero le prossime azioni da non perdere. Spesso ci incrociavamo nei vari transiti da Banda Aceh. Il tempo di sapere come andavano le cose, di riorganizzare il lavoro e poi di corsa a inviare le foto a Bruxelles.

Oggi, se volete farvi due risate, chiedete a Francesco di usare il suo telefono satellitare per una "breve telefonata". Con il suo sguardo vispo comincerà a raccontare di quando Doctor Tze, in un villaggio sperso sulla costa nord-ocidentale di Aceh, gli chiese di poter chiamare la fidanzata per un piccolo saluto durato "appena" 40 minuti.

Capitolo 13

Angelo

Sigli, domenica 16 gennaio 2005.

Di nuovo a Sigli, sulla costa Nord-Est di Aceh. Il team è indaffaratissimo per preparare una campagna di vaccinazione contro il morbillo. L'obiettivo è raggiungere 5.000 bambini in una settimana. Non è facile, soprattutto perché le comunità di sfollati sono sparpagliate qua e là, in piccoli gruppi. Farida, infermiera franco-algerina, è la responsabile di quest'intervento. È un tipo tosto, è qui dal 28 dicembre, due giorni dopo lo tsunami, e ne ha di cose da raccontare anche se sembra arrivata qui solo ieri.

Ritorno con una clinica mobile nel campo sfollati vicino Batee, insieme a un infaticabile medico di Hong Kong. Si chiama Tze (si pronuncia Si), ma già tutti l'abbiamo ribattezzato "Doctor Sigli". Ha 28 anni e non si ferma un attimo, un visita dietro l'altra senza neanche una pausa. Appassionato di yoga e arti marziali, è una persona molto riservata ma che non disdegna la compagnia. Alle quattro del pomeriggio, per motivi di sicurezza e cioè non trovarsi in giro al buio in una zona di conflitto, dobbiamo lasciare il campo, ma Doctor Sigli dice: "*Ancora questa donna e poi andiamo*". Carichiamo i kit medici sul furgoncino e ripartiamo per Sigli.

Quando arrivo alla base, un edificio dentro l'ospedale, mi aspetta una sorpresa. Angelo mi accoglie con la sua 'erre' moscia e con il suo accento comasco, chiedendomi se gli porto due cappuccini. È proprio lui, il mio "Angelo". Capelli biondi fino alle spalle un po' curve, occhi blu e una grande generosità. C'eravamo incrociati una notte a Banda Aceh e non sapevo che sarebbe venuto qui.

"*A Se', mi hanno mandato qui a fare cessi!*" mi dice allargando le braccia e guardandomi sconsolato. Sì, perché dovrà fare il "watsan" (water and sanitation), cioè occuparsi di gestione e disinfezione dell'acqua nei campi sfollati intorno Sigli. In maniera un po' più informale è quello che noi chiamiamo un "latrin lover". Spesso è proprio dall'acqua che hanno origine le malattie più pericolose: diarrea, colera, malaria. A Batee, 960 persone vivono nel fango e con due sole latrine, ormai inutilizzabili.

Mi ricordo quando ci siamo conosciuti. Era a Roma, un giorno prima della sua partenza per la prima missione con Msf. Andava in Afghanistan. Da allora, è stato in Somalia, in Liberia, ha visto le alluvioni in Bangladesh e forse ho anche dimenticato qualcosa. È buffo, quando hai la possibilità di seguire l'evoluzione di una persona. Chi l'avrebbe mai detto che quell'Angelo sarebbe diventato un centravanti delle emergenze umanitarie?

È un burlone e anche nelle occasioni più serie è capace di fare quella battuta che rischia di farti sdraiare sul pavimento dal ridere. L'ultima volta che ci eravamo visti in Italia era stato a Pisa, durante un seminario sull'azione umanitaria organizzato da Msf. Ci sediamo per una sigaretta, ormai è ora di cena, e all'orecchio mi dice: "*A Se', ma lo sai che 'sto lavoro mi piace proprio?*"

Si ferma un attimo, aspira un po' di tabacco, volge lo sguardo al cielo e conclude: "*In fondo, chi l'avrebbe mai pensato che fare cessi sarebbe stato così importante?*"

Capitolo 14

In collegamento da Baghdad

Banda Aceh, lunedì 17 gennaio 2005.

Mi trovo a Ulee Lhue, a pochi metri dalla distruzione totale, insieme a Nathalie, infermiera belga molto carina, anche lei incontrata in Ciad, e Feye, psicologa indonesiana. Stiamo montando la postazione per la prevenzione del tetano. La campagna, che abbiamo lanciato due giorni fa, prevede due cliniche mobili che la mattina e il pomeriggio si posizionano nelle località più colpite dallo tsunami per curare chi si è ferito a mani e piedi mentre scavava tra le macerie. Sono zone estremamente affollate da chi torna dove era la propria casa per vedere se qualcosa si è salvato. A ogni persona curata viene anche somministrata la prima dose di vaccino e vengono consegnati un paio di stivali e uno di guanti. Sì, perché qui tutti hanno solo delle ciabatte di gomma e scavano a mani nude.

Mentre gli altri srotolano un telone per cercare di fare un po' d'ombra, io provo a piantare due pali di legno come supporto. In quel momento squilla il telefonino. È Kris dalla base, mi dice che c'è un giornalista della Rai che vorrebbe raggiungerci. Metto in contatto il nostro autista con il loro per passarsi l'indirizzo.

Dopo circa dieci minuti, proprio davanti a me si ferma una macchina. Si apre la porta ed esce Enzo Nucci, giornalista del "Tg3" della Rai. Per un momento ho un flash. L'ho sempre visto in televisione, mentre faceva i collegamenti da Baghdad. Me lo ricordo quando ha annunciato il rapimento di Simona Pari e Simona Torretta[1]. Nella mia mente lui è associato a un'altra crisi, quella irachena, ma ora è lì, davanti a me, in mezzo alle macerie e a alla puzza di quel che resta di Banda Aceh. In cuor mio sono molto contento d'incontrarlo, di sapere che almeno qualcuno dall'Italia ha deciso di continuare a seguire questo disastro con un giornalista sul posto.

[1] Simona Pari e Simona Torretta sono le due operatrici dell'organizzazione non governativa "Un ponte per" rapite in Iraq il 7 settembre 2004 e poi rilasciate 21 giorni dopo.

Siamo a tre settimane da quel 26 dicembre, dall'esplosione del mare, e Enzo mi dice che ormai sono altri i temi seguiti dai media italiani. "*Ma come* - gli dico - *qui ogni giorno trovano altri mille cadaveri... ci sono ancora tutti i principali mezzi d'informazione internazionali, da Al Jazeera alla Cnn, dalla tv olandese a quella giapponese, dalla radio norvegese al settimanale tedesco 'Stern'... com'è possibile che quello che è successo qui sia già passato di moda?*".

Dopo questo piccolo sfogo personale, parliamo di ciò che entrambi troviamo difficile: descrivere, spiegare, raccontare quello che vediamo. Come si fa a riuscire a rendere l'idea di una, due, tre onde che hanno spazzato via interi quartieri in pochi minuti? Come si fa a trasmettere quegli sguardi di chi ti racconta come ha perso il proprio figlio, scivolato via dalla propria mano?

Capitolo 15

L'energia di Feye

Banda Aceh, martedì 18 gennaio 2005.

Oggi Feye parte per Meulaboh. Piccola piccola, è una delle persone più energiche che abbia mai incontrato. È una psicologa, è indonesiana, e ha già lavorato nei progetti di assistenza mentale di Medici Senza Frontiere. Ad Ambon, isola a sud dell'Indonesia, era parte del team che lavorava sullo stress post traumatico causato dal conflitto che vede contrapposti cristiani a musulmani.

Feye è arrivata a Banda Aceh il 31 dicembre, cinque giorni dopo lo tsunami. Il suo team ha effettuato più di 100 consultazioni individuali. L'intervento viene svolto sempre al seguito delle cliniche mobili. Quando una persona si presenta ai nostri infermieri con problemi psicosomatici, mal di testa, insonnia, gastrite, viene indirizzata da Feye. Dentro una tenda sotto un sole cocente, in una baracca di legno o nel bagagliaio della jeep, la piccola psicologa indonesiana si mette in ascolto.

Mi spiega il metodo che usano, lo chiamano *brief therapy* (terapia breve). La prima fase di questo metodo serve a creare una connessione tra il problema fisico di cui le persone soffrono e il loro stato d'animo. In questo modo si apre una breccia, che permette al paziente di elaborare il proprio problema e prenderne coscienza. A questo punto si entra nella seconda fase: far trovare alla persona le proprie risorse per stare meglio e insegnarle a farne uso.

"Chiediamo se c'è stato qualcosa, nelle ultime tre settimane, che abbia avuto degli effetti positivi - mi spiega Feye - *cantare una canzone, giocare con il proprio figlio, parlare con gli amici. Una volta che la persona scopre che in un determinato momento, svolgendo una determinata azione, è stata meglio, ecco che il nostro obiettivo è raggiunto. Adesso saprà come potersi aiutare in qualunque momento. Il problema è spiegare ai sopravvissuti che le proprie reazioni sono del tutto normali rispetto a un evento anormale".*

Dopo una giornata intera passata a contatto con storie disperate, Feye è sempre lì, allegra e affettuosa. L'immagine di lei che mi porterò nei miei ricordi è di quando, ogni tanto, faceva capolino da dietro la jeep e ci regalava un sorriso.

Capitolo 16

Il compleanno di Inda

Sigli, venerdì 21 gennaio 2005.

È la mia ultima sera qui nella provincia di Aceh. Sono di nuovo a Sigli (costa Nord-Est), dopo aver girato un po' ovunque, da Banda Aceh a Meulaboh, in elicottero o in barca, e sto per terminare la mia missione in questa catastrofe. Ieri è stata la giornata più dura. Avevo appena cominciato il processo di allentamento di quella tensione che mi ha permesso di lavorare in questo difficile contesto.

In ogni missione l'adrenalina, il lavoro intenso e lo stress mi salvano dal dovermi rapportare con ciò che vedo e sento. Proprio ieri avevo cominciato a togliere queste difese. Era la fine di una giornata passata con una troupe del "Tg3" e tutto andava per il meglio: avevamo raggiunto in tempo uno dei campi sfollati dov'era in corso la campagna di vaccinazione contro il morbillo. Il giornalista e il cameraman stavano riprendendo le ultime immagini. Io mi stavo accendendo una sigaretta con il loro autista.

A un certo punto quell'uomo, mani forti e lineamenti duri, si è girato verso di me, senza guardarmi negli occhi, e mi ha detto: "*Ho perso mia moglie, le mie due piccole figlie e la mia casa. Ho perso tutto*". Piccola pausa. "*Oggi, la mia figlia più grande avrebbe compiuto dieci anni*", ha aggiunto. Gli ho chiesto come si chiamassero le sue due bambine, ma lui ha iniziato a scuotere la testa: non se lo ricordava. Dopo qualche istante, alza lo sguardo e mi dice: "*La più grande si chiamava Inda. Sì, si chiamava proprio Inda*". Riabbassa lo sguardo e si gira dall'altra parte. In silenzio, mi sono allontanato e sono crollato. Ero riuscito a tenere duro fino a oggi, fino ad ora.

Ho cominciato a piangere come un ragazzino. Mi sono appoggiato a una capanna con le mani sugli occhi e i flash di ciò che avevo visto in queste settimane hanno cominciato a colpirmi con violenza. Corpi, macerie, sguardi, lamenti, suoni e odori.

Il giornalista mi chiama per salire in macchina e ripartire. "*Arrivo!*", gli rispondo con un filo di voce. Dal tascone laterale dei miei pantaloni ho preso la borraccia. Ho bevuto due sorsi e mi sono sciacquato il viso. Ero sporco di sudore, polvere e lacrime. Ho fatto tre respiri profondi, mi sono asciugato la faccia con la manica della maglietta e mi sono diretto verso la macchina. L'autista era lì, al volante, con il motore acceso.

Oggi è come se un treno mi fosse passato sopra. Domani rientro a Banda Aceh, per poi volare a Giakarta. Dopodomani via a Bruxelles e poi Roma, di nuovo a casa. Ritorno a una vita "normale"?

Capitolo 17

Ritorno alla "normalità"

Roma, lunedì 24 e martedì 25 gennaio 2005.

Il 24 gennaio sono atterrato a Fiumicino dopo quasi tre giorni di viaggio. Il 22 all'alba ero ancora a Sigli, aspettando che il sole sorgesse per ritornare a Banda Aceh. Prima di montare in macchina restituisco uno scherzo ad Angelo. Prendo il megafono, entro nella sua stanza, metto il volume al massimo, premo il grilletto e urlo: "*Che ti ho svegliato?*" Potete immaginare in quale bel posto mi abbia mandato con la voce ancora impastata dal sonno. Mi ero trovato bene con lui e forse è stato meglio così: andar via all'alba senza dover salutare nessuno.

Tre ore di macchina tra tornanti e risaie, motorette affollate e camion traballanti prima di rientrare alla base. Qui mi aspetta la parte che meno mi piace quando si vivono esperienze di questo tipo: i saluti. Per fortuna l'atmosfera è frenetica come al solito, per cui il tempo per i convenevoli, per i "*Restiamo in contatto*" oppure per i "*Fatti sentire se passi da....*", è proprio poco. Sono gli incroci di sguardi, le pacche sulle spalle, i sorrisi tra una corsa e l'altra, quella mano che ti passa la borsa della macchina fotografica o quella strofinata energica di capelli (anche se non ne ho poi tanti) che renderanno indimenticabili questi ultimi istanti.

Il mio aereo è alle due del pomeriggio. Quando l'autista viene a chiamarmi per andare via, vorrei inventarmi una scusa, che qualcuno avvertisse che l'aeroporto è chiuso per due giorni, ma niente, bisogna andare. Metto una maglietta un po' più pulita, faccio finta di perdere un po' più di tempo nel caricare lo zaino in macchina per catturare gli ultimi sguardi, ma poi "sblam", chiudo lo sportello e via. All'aeroporto è andata via la corrente. "*E vai!* – mi dico – *Non mi fanno partire oggi!*". Dopo mezz'ora i neon appesi al soffitto iniziano a riaccendersi timidamente. Si parte davvero.

Faccio scalo a Medan e arrivo a Giakarta alle otto di sera. Sono stanco morto. Patric, un ragazzo belga pallido e un po' presuntuoso, mi porta a cena al "Punjab", un ristorante indiano dietro l'ufficio di Msf. Mi propone di andare a fare un po' di vita notturna, ma non è proprio aria.

Il giorno dopo ho l'aereo per Amsterdam alle quattro del pomeriggio.

Il 23 gennaio, domenica, mi sveglio veramente rintronato. Sono le nove del mattino e devo occupare sette ore. Cosa si può fare in una città caotica di 13 milioni di abitanti? Mi portano in un paio di centri commerciali enormi. Anche se è pieno di tutto e a prezzi stracciati, non ho la forza di comprare nulla se non un cappuccino gommoso.

Arrivo all'aeroporto alle due. Non vedo l'ora di stendere il sedile e dormire. Scalo a Kuala Lumpur, in Malesia, e poi dritti ad Amsterdam. Atterro alle quattro del mattino. Il volo per Bruxelles è alle sei. È tutto chiuso, neanche un baretto per fare colazione. Metto le cuffie e premo 'play'. I Pearl Jam mi tengono compagnia. All'imbarco incontro un operatore sierraleonese di Msf che è appena rientrato dal Sudan. Mi offre un mela.

Atterro a Bruxelles, mi reggo a malapena in piedi. Prendo un taxi per la sede centrale di Msf dove mi attendono per una serie di *debriefings*, ovvero di resoconti del lavoro svolto in missione. Mi accolgono tutti calorosamente e questo mi inietta un po' di energia.

Alle tre del pomeriggio via, verso l'aeroporto.

Atterro a Roma verso le sette di sera. Alle nove riabbraccio Chiara.

Il mattino dopo, sul presto, ho mandato la seconda lavatrice, annegando pantaloni e magliette nel napisan, un concentrato di ossigeno disinfettante. Dall'ufficio mi hanno detto di rimanere a casa, di prendermi un po' di riposo e tornare lunedì. Non ci riesco! A casa mi faccio 'due palle', amici non mi va di vederne perché so che non vedono l'ora di ascoltare i racconti e non me la sento di giocare al menestrello; di andarmene a pranzo da Augusto a Trastevere non mi va; suono un po' la chitarra, ma mi stufo presto. Il tempo di mangiare un boccone e salto in moto. Vado al lavoro per fare un saluto e per riprendere il prima possibile contatto con la mia vita "normale". Tutti mi abbracciano e mi dicono "*Vatti a riposare, ci vediamo lunedì!*". Trovo ogni scusa per trattenermi il più possibile. Inizio a leggere le e-mail, offro un caffè a Nicola. Philippe intanto mi prende un appuntamento con Eva, la psicologa che si occupa di chi è tornato da situazioni ad alto rischio di stress post traumatico.

Torno a casa e faccio un bagno. "*Take it easy!*", mi diceva il mio amico Filippo quando giocavamo a rugby. Provo a dargli retta, ma non è facile.

Capitolo 18

Da casa

Roma, domenica 27 febbraio 2005.

È passato ormai un mese da quando sono rientrato. Sono riuscito a rivedere le foto che avevo scattato; sono passato da Eva; sono andato ad assistere alla partita del Sei Nazioni di rugby Italia contro Galles insieme a Filippo; ho ripreso a suonare la mia Fender e ad andare in palestra; fra pochi giorni andrò fuori per una breve vacanza con Chiara. Ma brucia vedere che oggi lo tsunami è diventato solo un tema di convegni sul ruolo dei media e il Sud del mondo, sull'ondata di solidarietà del pubblico italiano oppure una grande opportunità per fare soldi e metterli in banca, a maturare utili interessi.

Come rivelato da un articolo pubblicato su "L'Espresso" del 10 febbraio 2005[1], i 45 milioni di euro che gli italiani hanno donato inviando un sms e raccolti dalla Protezione Civile, quindi dalla Presidenza del Consiglio, giacciono su un conto corrente della Unicredito, che ha offerto un rendimento annuale del 2,13%, vale a dire 75.000 euro d'interessi al mese. Sapere che la generosità degli italiani è stata congelata in banca e che invece potrebbe essere utilizzata non solo per alleviare le sofferenze causate dalla catastrofe del 26 dicembre ma anche per aiutare chi è vittima di quegli altri tsunami silenziosi che ogni giorno colpiscono, nell'indifferenza generale, milioni di esseri umani.

Mi consolo pensando di avere la fortuna di far parte di un'organizzazione che il 4 gennaio ha chiesto di interrompere le donazioni perché era stato raggiunto il budget necessario per affrontare l'emergenza tsunami e che chiederà l'autorizzazione dei propri donatori ad usare i soldi versati per questa catastrofe a sostegno di altre situazioni di crisi. Sarebbe gravissimo se l'emergenza maremoto facesse dimenticare altre crisi gravissime come quella del Darfur, del Congo, della Somalia, della Colombia e sarebbe ancor più grave se la tragedia dello tsunami venisse affrontata dirottando i fondi stanziati per fronteggiare queste emergenze.

[1] Vittorio Malagutti, "Aiuto sono spariti gli aiuti", "L'Espresso", 10 febbraio 2005.

Roma, lunedì 28 marzo 2005.

Sono quasi le sette di sera di un lunedì di Pasquetta. Con Chiara siamo stati in Umbria insieme ad amici e ai miei due inseparabili cugini: Emiliano e Silvia. Mentre disfo la borsa, sul telefonino del lavoro arriva un messaggio dell'Ansa. Molto distrattamente lo apro. Di solito li cancello senza neanche leggerli, ma questa volta la coda dell'occhio mi cade sulla parola "terremoto". Corro alla televisione e metto subito sul terzo canale. Dallo schermo, Giovanna Botteri conferma la notizia che un'altra scossa di terremoto di magnitudo 8,5 della scala Richter è stata registrata quasi nello stesso punto di quella del 26 dicembre. Nulla più.

La mia mente corre subito a tutte quelle persone che avevo conosciuto e che stanno ancora lavorando lì, ai vari operatori italiani sparsi tra Meulaboh e Banda Aceh. Metto il televideo. La notizia è confermata. La scossa che ha causato lo tsunami era 9. Prendo il cellulare e inizio a chiamare Bruxelles per capire cosa sta succedendo. La linea è disturbata. Iniziano ad arrivare le prime telefonate di giornalisti italiani per sapere qual è la situazione sul terreno e come stanno i nostri. Non ho nessuna notizia da dare. Con il cuore in gola, infilo la giacca e prendo il casco. Corro in ufficio dove ho tutti i numeri di telefono.

Quando riesco a mettermi in contatto con Jan, responsabile del pool d'urgenza, riesco a malapena a tranquillizzarmi. Nessuno dei nostri è rimasto ferito sebbene una casa dove dormivano sia interamente crollata. Resto incollato al monitor del computer per vedere se questa scossa sarà la causa di un altro tsunami. E pensare che solo una settimana fa, da Aceh la popolazione aveva riferito di un altro fenomeno di ritiro improvviso del mare ed era scoppiato il panico. Mi richiama Jan per dirmi che a Banda Aceh la popolazione è fuggita verso le montagne e che stanno preparando un'altra squadra di psicologi da inviare sul posto. "*Anche il nostro staff locale è sotto choc* – mi dice - *ma per fortuna non sembra che ci siano stati grossi problemi per la popolazione*".

Sono le 22,30 quando cessa l'allarme tsunami. In Indonesia è quasi l'alba e se da una parte tiro un sospiro di sollievo, dall'altra la mia preoccupazione va all'isola di Nyas, risparmiata dall'onda del 26 dicembre e, a quanto sembra dalle prime notizie, distrutta da questo nuovo terremoto.

Ringraziamenti

Un ringraziamento particolare va a tutti coloro che, nel breve o nel lungo periodo, hanno fatto sì che arrivassi a scrivere questo libro:

Chiara, Lucia e Luca
Pietro Del Re
Emanuele Giordana
Alessandro Oppes
Francesca Molè
Giacomo Cavalli
Tania Beretta
Federica Marini
Angelo Rusconi
Erwin Van't Land
Filippo De Vita
Luca Mezzone
Paola Ferrara
Mimmo Sesta
Emanuele Piano
Rolando Barti
Paolo Elordi
Massimo Zaurrini
Annamaria Bertoncini.
Silvia e Emiliano
Francesco Zizola
Luca Leone
Nicoletta Dentico
Riccardo De Luca
Soria Blatman
Enzo Nucci
Loris De Filippi
James Lorenz
Antonello Sacchetti
Nicola Piazza
Marta Bonafoni
Philippe Berneau
Renato Arene
Giovanni Fante
Giacomo Londra
Carlo Bolderelli
Valentina Grippo

Bibliografia

AA.VV (in collaborazione con Medici Senza Frontiere), "Un nuovo apartheid. I mercati della salute", Le Monde Diplomatique – Il Manifesto, Roma, 2004;

CECCHINI, Federica, "L'uomo che parla alla torretta. Lettere dalla striscia di Gaza", Fratelli Frilli Editori, Genova, 2003;

CONRAD, Joseph, "Racconti di mare e di costa", Einaudi, Milano, 2003;

FISK, Robert, "Notizie dal fronte", Fandango Libri, Roma, 2003;

GUTMAN, Royn RIEFF David (a cura di), "Crimini di Guerra. Quello che tutti dovrebbero sapere", Contrasto-Internazionale, Roma, 1999;

ILCASSETTO.IT, periodico telematico, http://www.ilcassetto.it;

KANAAN, Jean-Selim, "La mia guerra all'indifferenza", Marco Troppa Editore, Milano, 2004;

KAPUSCINSKI, Ryszard (a cura di Maria Nadotti), "Il cinico non è adatto a questo mestiere; Conversazioni sul buon giornalismo", Edizioni e/o, Roma, febbraio 2002;

KOUROUMA, Ahmadou, "Allah non è mica obbligato", Edizioni e/o, Roma, 2004;

LANGER, Alexander, "Il viaggiatore leggero", Sellerio Editore, Palermo, 1996;

LETTERA22, "Geopolitica dello Tsunami. Solidarietà e strategie nella catastrofe che ha sconvolto l'Asia", ObarraO Edizioni, Milano, 2005;

MALAGUTTI, Vittorio, "Aiuto sono spariti gli aiuti", "L'Espresso", 10 febbraio 2005

PECH, Thierry, PADIS Marc-Olivier, "Le multinazionali del cuore. Le organizzazioni non governative tra politica e mercato", Feltrinelli, Milano, 2004;

POWER, Samantha, "Voci dall'inferno", Baldini e Castaldi Editore, Milano, 2004;

SAVATER, Fernando, "Il mito nazionalista", Il Melangolo, Genova, 1998;

SMITH, Stephen, "Négrologie. Pourquoi l'Afrique meurt", Hachette Littératures, Parigi, 2003.

Prefazione al diario fotografico

di Francesco Zizola[1]

Ho incontrato Sergio per la prima volta nel maggio del 2002 nell'ufficio di Medici senza Frontiere a Roma. Ero in partenza per l'Angola, dove volevo realizzare un reportage sulla carestia che stava decimando decine di migliaia di persone nella più completa ombra mediatica.

In passato avevo già collaborato con l'organizzazione e anche questa volta contavo sull'aiuto dell'ufficio stampa per poter avere un accesso privilegiato alle aree più remote del Paese che mi apprestavo a visitare.

Paola Ferrara, responsabile dell'ufficio, mi offre il supporto di Msf e mi presenta il suo nuovo collaboratore: Sergio.

Subito capisco che avevo davanti una persona speciale; estremamente preparato, con spiccato fare pragmatico e con una non comune conoscenza dello specifico linguaggio fotogiornalistico.

Poco tempo dopo, con sorpresa, l'ho ritrovato tra i partecipanti di un workshop di fotografia che stavo conducendo a Roma. È stata l'esperienza che mi ha permesso di iniziare ad apprezzare Sergio anche come fotografo.

Da allora non abbiamo perso un'occasione per confrontarci sui temi e sulle analisi che appassionano entrambi: dalla politica internazionale alle realtà apparentemente più insignificanti che spesso rappresentano meglio di altre il senso di ciò che stiamo vivendo.

Da questi confronti sono nati molti dei reportage che ho effettuato negli ultimi anni e di questo sono molto grato a Sergio, che ha saputo sapientemente coinvolgere le varie e complesse realtà internazionali di Msf. Lo scorso dicembre ci siamo visti per scambiarci gli auguri e per rafforzare le

[1] Fotografo professionista dal 1981, lavora per le maggiori testate italiane ed estere. Ha avuto molti riconoscimenti a livello internazionale fra cui: i premi World Press Photo nel 1995, 1997, 1998, 2002 e 2005; il World Press Photo of the Year nel 1996 per una foto che documenta la tragedia dei campi minati in Angola; il premio Pictures of the Year nel 1997, 1998 e 2003. Ha pubblicato i seguenti libri fotografici: "Né Quelque Part /Born Somewhere", (Delpire 2004/ Fusi orari - Settembre 2005; "Ruas", Gruppo Abele edizioni, 1994); "Sei Storie di Bambini", Contrasto, 1997; "Etat d'enfances" per la collana Photo Poches, Nathan, 1999.

proposizioni di nuovi progetti come conviene durante il rituale passaggio tra il vecchio e il nuovo anno.

Salutandoci ci siamo dati appuntamento per un incontro a gennaio: “Dopo le feste, che siano di riposo per tutti e due, visto che ne abbiamo bisogno”.

Poi il 26 dicembre il dramma che mi coglie febbricitante a letto. La telefonata di Sergio che mi riferisce l’interesse di Msf internazionale a eleggermi come fotografo per documentare l’intervento dei vari team d’emergenza. Il mio sì sofferto, la rapida convalescenza e la partenza e poi...la sorpresa di trovare Sergio come compagno di viaggio.

Insieme, attoniti, abbiamo camminato tra le macerie della città di Meulaboh; insieme abbiamo incontrato i volontari della Croce rossa indonesiana che raccoglievano senza sosta i corpi straziati dall’onda; insieme siamo stati testimoni degli sforzi fatti dai medici per prestare soccorso alla popolazione sopravvissuta e abbandonata in un caos indicibile; insieme siamo rabbrividiti nello scoprire, a distanza di una settimana , il circo dell’Umanitario in azione così come mai.

Entrambi siamo arrivati all’amara considerazione che “almeno questa dello tsunami è una tragedia che non vede l’uomo come principale e colposo protagonista”.

Come sempre accade nelle enormi tragedie, è difficile decidere di voler guardare, ancora di più accettare l’idea che l’uomo ne è responsabile. Sergio, come il sottoscritto e tutti coloro che hanno scelto di vedere e di interrogarsi, porta sulle spalle questo dolore e nello stesso tempo una passione per la vita intesa anche come partecipazione etica al divenire storico dell’umanità; ciò fa di lui un testimone sensibile e rispettoso.

È questa, per concludere, una delle qualità maggiori di Sergio.

Che potete scorgere dentro ogni fotografia che qui vi mostra.

Francesco Zizola
Aprile 2005

Questa immagine e la successiva: **in volo per Meulaboh, Aceh, gennaio 2005.** La vista dall'elicottero chiarisce subito una cosa: chi si trovava lì, a terra, non ha avuto scampo.

Meulaboh, gennaio 2005. Un piccolo peschereccio scaraventato in mezzo alla strada, a quasi un chilometro dal mare, mi dà il "benvenuto" in città.

Meulaboh, gennaio 2005. Le numerose file di case che sorgevano fin verso il mare sono

state letteralmente spazzate via dal maremoto.

Meulaboh, gennaio 2005. Sto camminando da pochi minuti tra le macerie. Il primo cada-

vere è lì, schiacciato dai resti di una casa.

Meulaboh, gennaio 2005. Una squadra di volontari indonesiani sta chiamando rinforzi per trasportare uno dei tanti cadaveri trovati sulla spiaggia di Meulaboh. Nonostante siano passati diversi giorni da quando l'onda si è abbattuta sulla città, i corpi continuano ad affiorare ovunque.

Meulaboh, gennaio 2005. I ricordi sono rimasti, imprigionati in un album fotografico

scaraventato dalla violenza del mare sulla sabbia; il presente è stato cancellato.

Meulaboh, gennaio 2005. Un scala che sembra piovuta dal cielo è l'unico elemento di ordine e normalità apparenti che regna sopra la distesa di detriti.

Meulaboh, gennaio 2005. La puzza dei cadaveri ha avvolto tutta la città. Chi è sopravvissuto cerca tra le macerie qualche frammento della vita precedente.

Semantiga (Nord di Meulaboh), gennaio 2005. Circa 9.500 persone, tra cui questa bambina, hanno trovato rifugio in scuole, moschee, uffici governativi di questa città. Molti

sfollati sono stati ospitati dalla popolazione locale, che ha risposto alla tragedia con grande solidarietà.

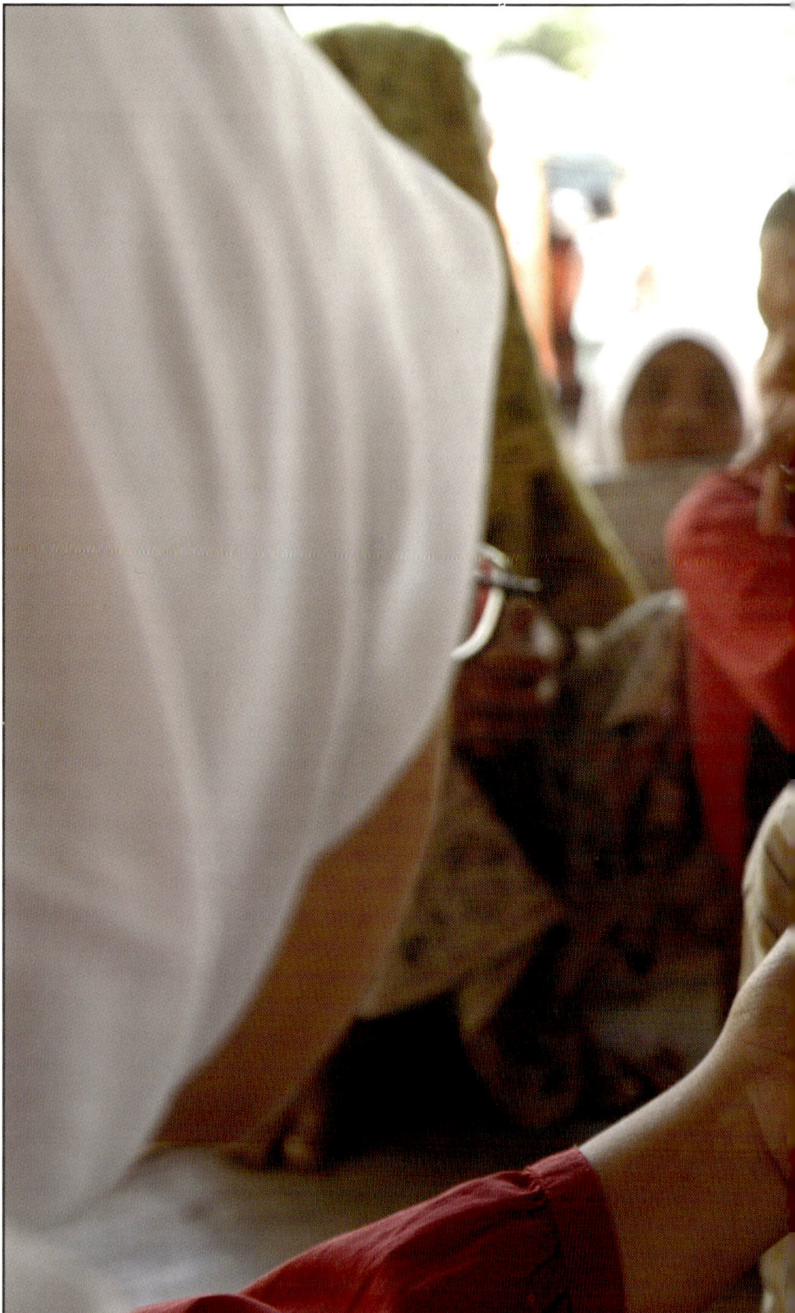

Batee, gennaio 2005. In uno dei campi sfollati allestiti vicino Batee, località a mezz'ora di automobile da Sigli, Msf fornisce assistenza medica a più di 200 famiglie di pescatori che attendono di poter tornare nei loro villaggi distrutti dallo tsunami e riprendere la vita di tutti i giorni.

Batee, gennaio 2005. Feye, psicologa indonesiana, sta spiegando le origini fisiche e geologi-

che dello tsunami a un gruppo di sfollati nel campo allestito in questa località vicina a Sigli.

Sigli, gennaio 2005. Le comunità di pescatori che vivano lungo la costa sono state decima-

te. Lentamente, i sopravvissuti cercano di ricostruire barche e capanne.

PELOPOR
KORPS BRIMOB

Banda Aceh, gennaio 2005. Oltre alle "uniformi" di plastica avvolte intorno ai corpi delle vittime, quelle dei militari indonesiani sono le più presenti e visibili.

Banda Aceh, gennaio 2005. Rasyid, 28 anni, è seduto sulle macerie della sua casa; ha potuto

recuperare un lampadario: è tutto quel che gli resta della sua vita prima del 26 dicembre.

Banda Aceh, gennaio 2005. Ulee Lhue è uno dei quartieri più distrutti della città. A distanza di tre settimane i cadaveri, avvolti in sacchetti gialli, continuano ad affollare le strade.

Meulaboh, gennaio 2005. Sopra: l'automobile con la scritta "Sisa Tsunami" che dà il nome a questo diario dal cuore del maremoto e il suo autista. Sotto: di solito non ho mai una foto che mi ritragga sul "terreno". Ma questa volta c'era di mezzo Francesco Zizola ed eccomi lì, tra ciò che resta di Meulaboh.